卡內基一生受用的金言

經典新版

陶樂絲・卡內基／著

〔名人推薦〕

除了自由女神，卡內基或許就是美國的象徵。

——美國《時代周刊》

在出版史上，沒有任何一本書能像卡內基那樣持久地深入人心，也唯有卡內基的書，才能在他辭世半個世紀後，還占據著我們的排行榜。

——《紐約時報》

與我們應取得的成就相比，我們只不過是半醒著，我們只利用了身心資源的一部分。卡內基因為幫助職業人士開發他們蘊藏著的潛能，在成人教育中掀起了一種風靡全球的運動。

——威廉．詹姆斯（哈佛大學著名心理學教授）

由卡內基開創並倡導的個人成功學，已經成為這個時代有志青年邁向成功的階梯，通過它的傳播和教導，無數人明白了積極生活的意義，並由此改變了他們的命運。卡內基留給我們的不僅僅是幾本書和一所學校，其實真正價值是：他把個人成功的技巧傳授給了每一個想成功的年輕人。

——甘迺迪總統（一九六三年在卡內基逝世紀念會上的演講）

你真想將自己的生活改變的更好嗎？如果是，那麼本書可能是你們遇到的最好的書之一。

閱讀它，再閱讀它，然後開始行動。

——奧格．曼丁諾《世界上最偉大的推銷員》作者

本書對你有什麼影響？

《讀者文摘》推介：

1. 改變你陳舊的觀念，給你新的一頁，讓你耳目一新！
2. 使你交友迅速，廣受歡迎，易得知己。
3. 幫助你不畏困難，建立積極的人生觀。
4. 幫助你使人贊同你，喜歡你。
5. 增加你的聲望，和你成功事業的能力。
6. 使你獲得新的機會。
7. 增加你賺錢的能力。
8. 幫助你成為一個更好的推銷員或高級職員。
9. 幫助你應付抱怨，避免責難，使你與人相親相愛。
10. 使你成為一個更好的演說家，一個健談者。
11. 使你每日生活中，易於應付這些心理學上的原則。
12. 使得有你在的場合，便可激起人生的熱忱。

卡內基簡介

戴爾・卡內基，被譽為二十世紀人類最偉大的人生導師，也是成功學大師。

卡內基於一八八八年十一月廿四日出生在美國密蘇里州的一個貧苦農民家庭，是一個樸實的農家子弟，他的童年和其他美國中西部農村的男孩子並沒有什麼不同，他幫父母做雜事、擠牛奶，即使貧窮也不以為意。這或許是因為他根本不覺得自己家裡很貧窮。

在那個沒有農業機械的年代，他和父親同樣做著那些繁重的體力活，而一年的辛勞卻可能因為一場水災而付諸東流，或者被驕陽曬枯了，或者餵了蝗蟲。

卡內基眼見父親因為這些永無終止的操勞而備受折磨，發誓絕不拿自己的一生來和天氣賭每年收成到底是如何！

如果說卡內基的童年和其他農村男孩子有什麼不同的話，那主要是受到他母親的強烈影響。她是一名虔誠的教徒，在嫁給卡內基的父親之前曾當過教員。她鼓勵卡內基接受教育，她的夢想是讓兒子將來當一名傳教士或教師。

一九〇四年，卡內基高中畢業後就讀於密蘇里州華倫斯堡州立師範學院。他雖然得到全額獎學金，但由於家境的貧困，他還必須參加各種工作，以賺取必要的生活費用。這使他感到羞恥，養成了一種自卑的心理。因而，他想尋求出人頭地的捷徑。

在學校裡，具有特殊影響和名望的人，一類是棒球球員，一類是那些辯論和演講獲勝的人。他知道自己沒有運動員的才華，就決心在演講比賽上獲勝。他花了幾個月的時間練習演講，但一次又一次地失敗了。失敗帶給他的失望和灰心，甚至使他想到自殺。然而在第二年裡，他開始獲勝了。

當時，他的目標是得到學位和教員資格證書，好在家鄉的學校教書。但是，卡內基畢業後並沒有去教書。他前往國際函授學校總部所在地丹佛市，為該校做推銷員，薪水是一天兩美元，這筆收入可以支付他的房租和膳食，此外還有推銷的佣金。

儘管卡內基盡了最大的努力，但是並不太成功，於是又改而推銷肉類產品。為了這份工作，他一路上免費為一個牧場主人的馬匹餵水、餵食，搭這人的便車來到了奧馬哈市，當上了推銷員，週薪為十七點三一美元，比他父親一年的收入還要高。

雖然卡內基的推銷做得很成功，成績由他那個區域內的第廿五名躍升為第一名，但他拒絕升任經理，而是帶著積攢下來的錢來到紐約，當了一名演員。

作為演員，卡內基唯一的演出是在話劇《馬戲團的包莉》中擔任一個角色。在這次話劇旅行演出一年之後，卡內基斷定自己走戲劇這行沒有前途，於是他又改回推銷的老本行，為一家汽車公司推銷汽車和卡車。

但做推銷員並不是卡內基的理想。在他從事汽車推銷時，他對自己的能力很懷疑。

有一天，一位老者想買車，卡內基又背誦了那套「車經」。老者淡淡地說：「無所謂，我還走得動，開車只不過是嘗新罷了，因為我年輕時曾夢想成為汽車設計師，那時還沒有汽車呢。」

老者的一番話，吸引了卡內基。他詳細地和老者聊起自己在公司的情況，後來他們的談話又轉到了人生的話題。卡內基講述了自己最近的煩惱：「那天凌晨，對看一盞孤燈，我對自己說：『我在做什麼，我的夢想是什麼，如果我想要成為作家，那為什麼不從事寫作呢？』您認為我的看法對嗎？」

「好孩子，非常棒！」老者的臉上露出輕鬆的笑容，繼而說：「你為什麼要為一個你不關心又不能付你高薪的公司賣命呢？你不是想賺大錢嗎？寫作，在今天也是個不錯的選擇呀！」

「不，老先生，放棄工作是不可能的，除非我有別的事可做。但是我能做什麼呢？我有什麼能力能讓自己滿意地賺錢和生活呢？」卡內基問。

老者說：「你的職業應該是能使你感興趣並發揮才能的，既然寫作很適合你，為什麼不試一試？」

這一句話讓卡內基茅塞頓開。那份埋藏在胸中奔湧已久的寫作激情，被老者的幾句話給激發了。於是，從那天起，卡內基決定換一種生活。他要當一位受人尊敬、受人愛戴的偉大作家。

一個偶然的機會，卡內基發現自己所在城市的青年會（ＹＭＣＡ）在招聘一名講授商務技巧的夜大老師，於是他前去應聘，並且被錄用了。

卡內基的公開演說課程，不僅包括了演說的歷史，還有演說的原理知識。除此之外，他還發明了一種獨特而非常有效的教學方式。

當他第一次為學員上課時，就直接點名讓學員談他們自己，向大家講述他們日常生活中發生的事。當一個學員說完以後，另一個學員接著站起來說，然後再讓其他學員站起來說。這樣，直到班上每一個學員都發表過簡短的談話。

卡內基後來說：「在不知道究竟該怎麼辦的情況下，我誤打誤撞，找到了幫助學員克服恐懼的最佳方法。」從此以後，卡內基這種鼓勵所有學員共同參與的教學方法，成為激發學員興趣和確保學員出席的最有效方法。雖然這種方法在當時尚無先例，也沒有什麼方法可以評定他這套方法的效果，但它確實奏效了，並且在全世界教出了許多更會說話且更有信心的人。

這一哲理的成功，可以從成千上萬名畢業學員寫來的信中得到證明。寫這些信的學員有工廠工人、家庭主婦、政界人士、公司負責人、教師及傳教士，他們的職業遍及了各行各業。

卡內基於一九五五年十一月一日去世，只差幾個星期便六十七歲。追悼會在森林山舉行，被葬在密蘇里州他父母親墓地的附近。

一九五五年十一月三日，華盛頓一家報紙刊載了下面這段文字——

「那些憤世嫉俗的人過去常常揣測，如果每個人都接受並且遵照卡內基的話語去做，那將會成什麼局面？卡內基先生在星期二去世了，他從來不屑於這些世故者的風涼話。他知道自己所做的事，而且做得極好。他在自己的書中和課程上，努力教導一般人克服無能的感覺，學會如何講話、如何為人處世。

「千百萬人受到他的影響，他的這些哲理如文明一樣古老，如『十誡』一般簡明，對於人們在這個狂亂的年代裡獲得快樂和成就極有幫助。」

卡內基

Dale Carnegi

目錄
Contents

前言

卡內基向來信守不疑的人生信條

外子戴爾・卡內基，一生喜歡帶有「藥味」的語言。在閱讀的時候，常深為一針見血的文字、巧妙的比喻、和富有哲理的內涵所吸引，不但把它深深烙印在心中，並把它引伸到日常生活裡。凡他最喜歡的名言佳句，就會在不知不覺中，摻雜在他常說的俗諺裡，冷不防迸出一句來，令人驚愕不已！

例如，有一次他在庭院除草，我問他：「下下星期有人邀我們參加晚宴，你覺得怎麼樣？」丈夫用冷靜得近乎嚴肅的口氣回答我：「啊，隨你好了！總之，**不要去瞻望那些遙遠而模糊的事，做你身邊的事就好了。**」於是，如同英國醫學家威廉・奧斯拉爵士在哈佛大學的學生面前所引用史學家卡萊爾名言的神情一般。彷佛為了強調這句格言的藥效般，他當場就把眼前的雜草一根根拔給我看。

美國運動家阿爾史密斯，在他贏得比賽時，總會帶出一句口頭禪：「去看看紀錄吧！」戴爾也有這種毛病。當我們跟雙親一起打橋牌時，若是他贏了，他便會把這句話掛在口頭上。

有一次在往芝加哥的火車裡，我對他說：「我想帶女兒去洗手間。」他竟儼然一副教師的口氣回答我：「請按照次序排隊，趕快去吧！」

平時，他完全是美國中西部一帶的樸實風格，說話清晰自然，且心平氣和。同時，他更熱中於引用古今名言、強調說話重點、蒐羅談話材料。此外，在他的作品中，也時常有效運用這些精句來強調他的語意，以彰顯他作品的尊嚴。

他把他生平所珍藏的這些名言佳句加以整編，不論哪句名言，都能各得其宜的歸類。無論是片言隻字，我都蒐羅在內，這是一本散播處世智慧的書，也是他向來信守不疑的人生信條——

一、要勤勞、樂觀。

二、以勇氣、努力來克服恐懼和失敗。

三、人與人之間須有愛心、體貼和禮貌。

四、要積極不渝的信仰神。

當今樂觀主義似已不再盛行，但是外子戴爾‧卡內基並非只是引經據典、口上說說而已。他把自己靈魂深處所煥發出來的光輝，都融合在行動與著作裡。在讀者踴躍的來信中，再再表現了信念、愛和勇氣，及他們對人性光明面的無限嚮往。

在這本集子裡，完全容納了戴爾‧卡內基所樂以引用的人生藥味名言，全書信手拈來，都可以感覺到它是如此的激發人心與鼓舞著我們的生命力！

陶樂絲‧卡內基

「第一部　產生自信的名言」

如果有克服恐懼的決心，大概就沒有做不到的，
因為恐懼只存在他的心中。
——戴爾・卡內基

當危險來臨時，不要逃避，否則危險只會有增無減；
若毅然面對，危險便可減半。
所以，不論遇到任何危險，絕對不能逃避。
記住「絕不！」

——英國首相　邱吉爾

你已經達到自己的理想了嗎？
反省一下，你自己是否有這樣的勇氣——
「不行！這是徹底地失敗了！雖想不惹人生氣，
但畢竟還是沒能做到，以後說話前必定要三思。」
若你尚無此勇氣，則你亦未達到你的理想境界。

——美國總統　艾森豪

我今年已八十六歲了，到現在為止，
曾看過許多人由基層往上爬再成功的例子。
要成為一個成功者最重要的就是要有——
「別人能，我也能」的信念。
那些灰心喪志的人，是絕對得不到功名的。
——詹姆斯・奇朋士樞機主教

如果人類沒有逃避的地方，
就能極度忍耐不幸與災難，並且克服它。
人類隱藏著連自己都會吃驚的極大智慧與能力。
利用這些智慧與能力，即使會擔心，也會做得好。
只因我們不覺得自己有潛在能力。
——戴爾・卡內基

所謂「勇者」，就是一種不憂不懼「雖千萬人吾往矣！」的精神。

以下五個原則，便是成為勇者的保證：

- 不管真相如何，你總要裝出勇氣十足的樣子。

如此，則會信心倍增、精神煥發。

而你也真的開始認為自己是「勇敢而可敬」的人了。

- 放眼周遭，有太多的人因灰心和恐懼而處處碰壁，

但也有些人卻能很巧妙地度過困境。

因此你要確信——「別人能，自己也能。」

- 人類的生命力因情緒之不定而盛衰有異。

一旦情緒跌入最深的谷底，便爬也爬不上來了。

因此，若不想徹底失去勇氣，

現在你自己就要將壓抑的力量，轉為克服失意的力量。

- 夜晚比白天更容易磨損志氣，但勇氣須隨著太陽一起上升。
- 勇氣是衡量人是否偉大的標準。發憤達到你的理想吧！

——戴爾・卡內基

若想要體驗一下勇者的滋味，
要先振奮精神，做一些勇者應做的事。
此時，你的畏怯便立刻為果敢進取所取代。
——美國心理學家　威廉・詹姆斯

大膽產生了勇氣；
膽怯則帶來恐懼。
——古羅馬幽默作家　普利斯・西爾斯

何謂勇氣？
就是在面臨死亡的極度恐懼中，
亦能採取必要行動的一種能力。
——美國　歐瑪・布拉多利將軍

希望務必藏在深深的海底，
否則它絕對無法展開翅膀。
——愛默生

只要努力去實現你的夢想，成功便指日可待。
即使是空中閣樓也不會終歸徒勞，
畢竟閣樓還是可建於空中的。
只是你必須先把樓閣下面的根基打穩。
——古希臘政治家　索倫

這樣的人，十之八九會成功的——有自信，
並且盡全力於工作上。
——英國將軍　威爾遜

唯有堅信自己能克服障礙的人，才能真正克服障礙。
在一天之中，連一個恐懼的對象都無法克服的人，
他尚未學得人生的第一課。
——美國思想家　愛默生

凡是人類所能做的事，
只要你有決心，
就像愚公一樣，即使是高聳入雲的群山，
你也可以把它移走。
相反的，即使是極單純的事，
一旦自己先退縮，
則一撮小土堆，你也將畏之如萬仞高山了。
——美國心理學家　愛彌兒・庫耶

能夠留意著自己的缺點，並且克服自卑感的人，
除了自己，沒有其他人可代你做到。
矯正的方法非常簡單——
「忘掉自己的事情！」
在羞愧、意氣消沉、或是心有掛念之時，
就應立即拋棄這些惱人的事，
而轉想一些其他較美好的事情。
在與人交談時，不要離了題，
也不要有所顧忌，別人要怎麼想，
那是他的事。
不管他把你說的話當成什麼，
你絕不要在乎，要先對你自己有信心。

——戴爾・卡內基

用憂鬱的瞳孔去瞻望前景，
是最危險不過的了。
——美國資本家　亨利・哈利門

上至帝王將相，下至販夫走卒，
定要要求自己每天至少要致力完成一件事，
否則，就沒有成就大事的希望。
——美國教育家　華爾德・哈巴特

恐懼的次數，
通常要比危險的次數多得很多。
——古羅馬哲學家　塞爾加

每有一次行動，
人類的智慧便得一次的成長，而信念亦隨之滋生。
因此，「非幹不可」的意志力，
是過去的行動次數和當時決意的程度成正比的。
但有時，即使你信心十足、樂觀進取，
卻也有得不到成果的時候，
你若因此心灰意懶，
這種損害比失去機會要來得大。
這種人，或許多費些時日也可以有成，
但往往會變得冷漠——因為當時好功心切，
而成功來得太遲，以致熱情一點一滴消逝；
至於，有些人則是光說不練，他們貌似不凡，
而實際上，你不能期望他們成就什麼事。
因為他們的意志在每天的浪費中，正一點一滴地消失。

——美國女教育家　海倫・凱勒

「這種事不會做得太愚蠢吧？」
——世上再沒有比這種過度小心更愚蠢的事了。
——法國思想家 亨利・福克尼

如果有克服恐懼的決心，大概就沒有做不到的，
因為恐懼只存在他的心中。
——戴爾・卡內基

小時候因為有些笨拙，而且身體孱弱，
所以到了青年時期，
竟神經衰弱、缺乏勇氣和自信。
因此我覺悟到不僅在身體方面，
就連心理方面，都有重新鍛鍊的必要。
——少年時代的我

曾經反覆地讀過瑪利亞特的小說中的一節——

一艘英國小戰艦的艦長問主角說：

「要如何才能成為一個勇敢的人？」

「第一次上戰場，不論是誰都會害怕，

唯一克服之道，就是不但不去逃避，

反而要去面對它、正視它。

以這種態度去面對任何事，

久而久之，在不知不覺中，

你就真的不會覺得恐懼，繼而成為個有膽量的人。」

我也是遵循此道來克服恐懼的。曾經上至戰爭，

下至灰熊、野馬、癌症：無一不是可畏可懼。

但是自從裝成不害怕的態度後，

不知不覺中就真的不再害怕了。

只要你能這樣做，就會和我有同樣的收獲。

——美國總統　羅斯福

別讓機會逃跑！
因為人生一切均靠機會。
走在最前面的人是很有心要做，
若僅守著「安全第一」的信條，
則你的小船是不會划到更壯闊的遠方。
——戴爾・卡內基

在現實的人生當中，
所有的豐功偉業皆始於堅定的信念；
根據信念才能踏出人生的第一步。
——德國評論家　華斯特・修格蘭

若能完成一件原本令你擔心而看似無法做到的事，
則恐懼必定消失。
——美國思想家　愛默生

每次走出家門時，我總是把頭抬得高高的，
且儘可能地深呼吸，吸入一些陽光。
遇到朋友則笑顏以對，且誠心誠意地握手，
不怕被誤解，也不為敵對之事操心。
想做的事情就好好地下定決心，
那麼在不知不覺中，成功的機會便操縱在你手中，
恰如珊瑚蟲是從潮流中攝取營養那般。
此外，心理作用是非常奇妙的，
所謂正確的心理狀態，
就是要常常保持你的勇氣、正直和明朗。
萬事皆因願望而生，
誠心的請求是可以被滿足的。
那麼，抬起頭來，高高興興的勇往直前吧！

——美國教育家 愛德華・哈佛

「不可能」

這三個字只存在於愚人的字典裡。

——法國皇帝　拿破崙

若對自己應做的工作有恐懼之心時，

就應該再好好地考慮一番。

等到對工作有完全的心理準備時，

恐懼也就會自然地消失。

——戴爾・卡內基

被現實逼得走投無路的年輕人，

伸手抓住「人世間」，竟一把扯下它的鬍子，

這時他才覺悟到，原來這是為嚇唬膽小鬼而裝上去的假鬍子。

——美國思想家　愛默生

徹底地貫徹目標是有氣概的人的精神最佳法門，
也是成功的最大條件。
若不能如此的話，
即使再怎麼天才也會失去方向，
只不過是白白地浪費功夫罷了。
——契斯達・菲魯特

讓世界推動的力量，就是希望。
若是沒有「不久將可以得到成長的新種子」的希望，
則農夫不會在田裡播種；
若是沒有「會生小孩」的希望，
則年輕人也不會熱中於結婚；
若是沒有「有利可圖」的希望，
則商人不會去做生意。
——德國宗教家 馬丁路德

即使有信念，
可能僅僅能達成一件事；
但若是沒有信念，則什麼事也達不成。
——英國詩人 撒彌爾·詹森

若想要有膽量，
就應對令你膽怯的事主動出擊，
這是戰勝恐懼的最佳途徑。
——戴爾·卡內基

勇氣的確是人們最重要的一種特質。
因為具備了勇氣的話，
其他的特質也就自然而然的具備了。
——英國首相 邱吉爾

我們絕不會投降，也不會失敗，而且會奮戰到底。
我們曾在法國打過仗，也曾在海上打過仗，
我們應有十足的自信在空中也能奮勇作戰，
不論犧牲多大，我們都要堅守自己的國土。
無論在海邊、在登陸地點、在戰線、在市區、在山區，
在所有的地方皆會奮戰不懈，我們絕不會投降。
即使全英國的本土或是大部分的領土落於敵人之手，
國民的生活飢餓困苦，
我們這些在海外的大英帝國領土尚有英國艦隊的戰士，
仍要奮戰到底。
倘能如此，我們將蒙受上帝眷顧，
使得在彼岸的新世界「美國」，投入所有的軍力來拯救這個舊世界。

——英國首相　邱吉爾

西元一九四〇年六月四日，邱吉爾在有名的敦克爾決戰時所發表的演說，這個精采的演說感動了美國，使之終於宣布參戰。

儘管有多大的智慧，
若是沒有利用它的勇氣，
也沒什麼用處；
儘管信仰有多麼虔誠，
若沒有希望，便也沒什麼價值。
因為只有希望，
才能使人克服許多困難與不幸的事。
——德國宗教家　馬丁路德

事前驚慌失措，
事後悠然自得的人，
遠比事前悠然自得，
事後驚慌失措的人聰明得多。
——英國首相　邱吉爾

要做大事，卻沒有隨時想奉獻自己全部的人，
是一文不值的人。
——美國總統 羅斯福

人是不應該畏懼死亡的。
之所以會如此說，
是因為我有好幾次直接面對死亡。
那種體驗真是神奇——
耳中可聽見悠揚的音樂，
一切都是那麼恬淡寧靜，
一點也不覺得苦或是恐懼。
面對死亡，我才首次體會到這種難得的幸福。
——美國飛行家 愛迪・里肯巴克

行動不一定能帶來幸福；
但沒有行動就絕不會有幸福。
——英國政治家　班傑明・狄斯雷里

激勵自己的祕訣，就在於不斷地告訴自己：
「即使是平庸的人，
能擺平困難的也為數不少，
自己難道就不如別人嗎？」
——美國學者　威廉・惠勒

值得稱許的勇氣，
並不是慘烈犧牲的勇氣，
而是像男子漢似地生存的勇氣。
——英國歷史學家　湯瑪斯

「自信」是成大事業最重要的必備條件。

——英國詩人　撒彌爾・詹森

如果你正為一件棘手的事而感到焦頭爛額，
你應下定決心投入其中。
然而，你原以為不可能的事，
都將變成可能。只要你相信自己的能力，
世上沒有不能迎刃而解的事。

——戴爾・卡內基

有很多任憑你怎麼想也覺得不可能成功的事，
只要你下決心去做，
恐懼心便會在「啊！」的一聲中消失了！

——戴爾・卡內基

進退維谷、四面楚歌，
常常使人心灰意冷，
片刻也無法支持，
但請你千萬別放手，
因為情勢的轉變，
正是從此時才開始。
——美國女作家　愛蜜兒

一旦眼前橫梗許多的困難，
有人不免想把責任推卸給別人，
這是一種卑怯惡劣的作法。
既然站在那個崗位，
就要把那個工作負責到底才好。
——英國首相　邱吉爾

勇氣是用來抵禦恐懼的。
有勇氣並不是全然不知恐懼為何物，而只是不把恐懼看在眼裡罷了。
因為人們在某些地方有所膽怯，
所以相對的才有「膽大」之類讚美的話。
「跳蚤」就是一個很好的例子：
如果說不恐懼就是有勇氣的話，
那麼跳蚤即是神所創造的最有勇氣的生物了。
不論對方是睡覺或是清醒，跳蚤都會很鎮靜地攻擊之。
對於「跳蚤」而言，對抗我們人類就彷彿像嬰兒對抗全世界的軍隊，
但「跳蚤」卻一點也不放在心上。
「跳蚤」晝夜都處於危險與死亡當中，
但牠們卻像大地震前優閒地散步在街頭的人們一般，
非常鎮靜。若是你要列舉一張不怕死之輩的名單，
像克萊威、威爾遜、普托那姆的話，
絕對不要忘了還要外加一個——「跳蚤」，並且要把牠列於最前頭。

——美國作家　馬克・吐溫

害怕痛苦的人之所以會痛苦，
乃源於他的恐懼心理。
——法國思想家 蒙田

凡事嘗試而遭失敗的人，
和凡事嘗試而獲成功的人，
其間之差距，有著不可估計之差別。
——美國出版家 洛伊特・詹斯

大部分的人，
都有著意想不到的非凡之勇氣。
——戴爾・卡內基

隨著年齡的增長，
額上生出皺紋那是沒有辦法的事，
但請別讓心裡也產生皺紋。
——美國總統　羅斯福

世界史上所有遺留下來的輝煌史蹟，
完全是由人類的熱忱所帶來的勝利果實。
——美國思想家　愛默生

有恐懼心的人是暴躁者，
同時也是膽怯者。
克服恐懼感，只要無視於它的存在就好了。
你應該是可以做到的。
——戴爾・卡內基

不論從事何種職業，
走向成功的第一步，
就是要對此職業感到興趣。
——英國醫學家　威廉・奥斯拉爵士

人生最重要的事就是要有遠大的目標，
同時要有能夠達成此目標之能力與體力。
——德國詩人　歌德

克服自卑與畏縮的最佳方法，
就是關心他人、為他人設想、為他人盡力。
若能經常親切地待人，像待朋友一般，
則你會有意想不到的驚喜！
——戴爾・卡內基

「信念」可以使人變強；
「懷疑」會麻痺人的活力，
所以，人的信念就是力量。
——英國牧師 佛烈特・羅勃森

成功者與失敗者，
在技能和才能這些方面的實力並沒有多大的差異。
讓實力相當的兩個人，
同時開始做一件事，
能夠專心一致的人可以先獲得勝利。
若實力平平，但卻能心無旁鶩地去做一件事，
他的成效也會贏過那些不專心工作的聰明人。
——英國作家 富烈特・威廉斯

若是連一個興趣也沒有，
則此人必得不到真正的幸福與祥和。
植物、蝴蝶與甲蟲的採集、
鬱金香或水仙之類的人造花的製造、
釣魚、登山、蒐集骨董：
或是其他任何一種興趣，
都將豐富你的生活，
使你的人生變得更美好。
只要能好好地運用你的興趣，
則不管什麼興趣都是有益的。
——威廉・奧斯拉

唯有消除「不可能」的念頭，
一切事才變得有可能。
——戴爾・卡內基

精誠是可以感染的，
它可使頑石點頭、野獸溫馴，
它是誠意的守護神，
若不如此則不能得到勝利。
——英國作家　愛德華

我們經常會想若沒有安逸、奢侈的生活，
人生就不算是幸福；
但事實上，人類真正的幸福，
乃存在於忘我的工作中。
——英國宗教家　查爾斯・金斯

愛這個人而且能得到他，是最幸福的；
愛這個人而失去了這個人，則是其次的幸福。
——英國小說家　威廉・邁克斯

太陽在遠遠的地方放射光芒，
它的絢麗令我無限嚮往，
雖然那是個我不能到達的地方，
但是每當舉目眺望那種美景時，
我也能朝那個光輝奪目的方向行進。
——美國女作家　羅莎

失敗是成功之母。
「沮喪」與「失敗」的確是人們走向成功的兩個試金石。
自動自發地去研究其沮喪與失敗，
對日後會有所幫助的；
讓我們回顧過去吧，
你應該可以看到因失敗而有助於成功的例子的。
——戴爾・卡內基

不論男女，只要保有熱忱，
就很容易吸引身邊的人，就像磁鐵一樣。
——美國作家 H·布魯斯

若想做一個人上人，
就要凡事都熱忱以對。
做一個令人喜愛的人，
要避免像機器一樣，
每天只做同樣的無聊的工作。
無論在任何崗位都能立於前頭；
只有這樣才是真正的人生。
若能全心全意地投入於事業上，
這樣不僅能增加其樂趣，也能取得別人的信任。
正如同目擊發電機的人們信任發電機一樣。
——美國資本家 喬納桑·沃爾瑪

是否想過真正的熱心所帶來的美與力？
不論是誰，如能在這方面努力的話，
只要有一絲熱誠，
就不會把它壓抑下去，
也不會任由它冷卻。
——阿根廷作家 傑薩夫・塔庫曼

天才是力量的集合。
你若想得到某種東西，
你就會像追貓的鬥犬一般，
全身的筋肉都緊張起來，
奮力地朝著自己的目標衝刺。
——美國化學家 W・C・霍爾

人在臨終之時，
若還能給子孫一種堅強的精神啟示，
就是留下了無價的財產。
——美國發明家 愛迪生

人生就像打橄欖球一樣，
不能犯規，也不要避開球，
而應向底線衝過去。
——美國總統 羅斯福

沒有信心的人，
就無法予人信心；
自己都不能肯定的事，
當然也不能取得別人的肯定。
——英國評論家 馬休・阿諾德

雄辯不能缺少真實性。
不擅雄辯的人，
只要內心誠實，
也能夠說服別人。
——英國評論家　威廉・哈里斯

若想克服恐懼心，單單考慮到自己是不行的，
如果你有幫助別人的心，就能去克服恐懼感。
——戴爾・卡內基

遭遇多麼不幸，智者總會從中獲得一點利益；
不論境遇多麼幸運，愚人總覺得無限悲哀。
——法國道德學家　拉・羅福克

盡力去為他人做事吧！
能如此則無聊的自卑感，
就會像七月的玉米田中的朝露一般，
一眨眼即消失得無影無蹤。
——戴爾・卡內基

美德產生自信，自信產生熱心。
因此，熱心可以征服世界。
——英國政治家　渥爾特

每一個人都應該有某種嗜好，
使精神充沛、生活愉快。
這些名目不同的興致，可以對國家有所貢獻。
——戴爾・卡內基

只下定決心想做一個律師的話，
與只能達成一半的目標是一樣的。
應該常常銘記在心的是：
「不只要下決心，還要看到實現的成果。」
——美國總統 林肯

了解事實——就是要認清事實。
一切事實的基礎都是由熱忱產生的。
唯有在熱忱中方能產生純真的心靈。
——美國思想家 愛默生

若想要引發別人的興趣，
首先自己要先能體會它的趣味所在。
——英國政治家 約翰·毛利子爵

每逢我遭遇災難時，
我就會繼續努力超越，
把它轉變為好的機會。
——美國實業家　洛克菲勒

熱心是培養性格的原動力。
若是對事情不熱心，
即使有多大的才能也始終不能出人頭地的。
我敢斷言大部分的人，
尚未知曉去使用其所隱藏的許多才能。
比方說即使有教養、有極強的判斷力、也能理智地思考，
倘不能集中精力，
專心一致，則任誰——包括你自己在內，
也不知你是否還有隱藏的才能。
——戴爾・卡內基

具備識別他人和忍耐力，
且熱情如火的人，是最成功的人。
——戴爾・卡內基

失敗鍛鍊你的筋骨更加強韌；
失敗使你的軟骨變為筋肉；
失敗錘鍊你立於不敗之地。
——美國牧師　亨利・沃特・理查

偉大的心靈植於穩固的基礎上；
渺小的心靈，除了欲望之外，別無他物。
渺小的人，習慣於不幸之中，而變得溫馴；
偉大的人，往往是聳立在不幸之上。
——美國文學家　華盛頓・亞文特

困難是最好的教育。

——英國政治家　班傑明・戴斯特

北歐諺語：「北歐可以培育出海盜」，
這是針對我們人生態度而發的一記警鐘。
我們總以為能安全舒適的生活的話，
便是幸福的。但其實不然，
一個人陷入自艾自怨的情緒中，
即使他正躺在柔軟的床鋪上，
恐怕他也快樂不起來。
綜觀歷史，人們若能自己負起責任，
則不管環境好壞，都可以培養出剛毅的性格，
幸福也必定跟著來。
這正是這諺語的詮釋。

——美國科學家　哈里・愛默森

人生是舞台，
你如果僅止於敘述事實，
那就無法打動人心。
現代是演出的時代。
並不只是單單敘述著事實而已，
你必得生動活潑地加以編造、增添情趣的演出。
這種演藝手法，使你的人生更多采多姿，
洋溢歡欣鼓舞的氣氛。
——戴爾・卡內基

兄弟啊！困難是培育偉大之心的褓姆，
這位冷酷的褓姆，用鑾力不斷搖動著搖籃，
才能培育出勇敢的小孩。
——美國出版家　威廉・布萊特

艱難是邁向真理的第一步。
不管你現在是十八歲也好，八十歲也好，
能跨過任何驚濤駭浪或度過狂風暴雨，
都將是相當重要的一種人生體驗。
——英國詩人　拜倫爵士

悲傷和痛苦，
你就把它想成培育「為人盡心」美麗花朵的土壤，
請學習持有善良之心，
學習忍耐吧：為了堅強你的信心——
換句話說，你不可怨天尤人，
必須按部就班地努力，
總有一天可以在你培育的花園裡，
過著快樂且滿足的生活。
——美國女教育家　海倫・凱勒

要怎麼做才能熱中於事物呢？
首先，我告訴自己，
你所做的事總有某些是喜歡的吧！
要排除討厭的部分，
把握住喜歡的部分，
並熱中於實行——
不僅讓人知道你喜歡的部分，
而且要告訴他人，你喜歡的原因。
——戴爾・卡內基

我們的心胸溫暖起來，
累積著計畫的廢墟，
朝向天，雖然是被認為失敗的，
事實上，卻是邁向成功的經驗。
——美國思想家　愛默生

強烈的信念，
才能產生堅強的偉人。
——美國出版家　渥特・巴菲特

有的失敗是邁向成功的第一步。
你能判斷錯在何處，
你便又真真實實地向成功邁進一步了。
亦即體驗一次，就不會再犯第二次，
非但如此，今後你想做什麼事也不會完全失敗了。
假如你由此而獲得一種體認，無論何種體認，
那麼，你便不算是完全失敗的。
另一種因不小心犯錯而遭致的失敗，
總有引人探求真實的魅力。
——美國科學家　威廉斯

人生最重要的事並非保存利益，
如果那樣的話可真悲哀啊！
真正重要的事情，是從損失中謀取利益。
為此，一個清新的頭腦是有必要的。
由此便可分辨誰智誰愚了。

——英國出版家　威廉・普里士

斷了一弦，就要以剩下的三弦來繼續演奏，
這便是「人生」。

——美國科學家　哈里・愛默森

何謂失敗？
它是一種教育，一種邁向美好的階梯。

——英國社會家　威廉爵士

所謂困難，是讓你穿上工作服的大好機會。

——美國實業家 亨利・福特

失敗是成功之母。

犯過錯就更會熱中地去追求其中所謂的真實是什麼，
而且每當有新的經驗時，
某些錯誤的癥結就會明顯地顯現出來，
從此也就可以避免失敗。

——英國詩人 濟慈

光線可以讓你看得見，也可以讓你看不見。
至高無上的造物，倘使沒有黑暗和影子，
就無法讓人見到天空的星星。

——英國醫學家 托瑪斯・布朗爵士

我曾對加入新內閣的先生們所說的話，現在再向議會覆述一遍：

「我所能貢獻的東西只有血、勞力、眼淚和汗水。」

我們現在正面對一個空前的大試煉，

擺在我們眼前的，是苦惱與艱辛的悠長歲月。

若有人問：「我們的政策是什麼？」

我大概會這樣回答吧：「就是發揮上帝所賦予我們的所有力量，無論海上、陸上以及空中的作戰，我們都要打贏。

我們正在和人類史上空前未有的大暴君作戰，並且要戰勝他！」

——這就是我們的國策。

若有人問：「我們內閣的宗旨為何？」

我只想回答兩個字：「勝利！」

就是付出所有的犧牲所得的勝利。

無論遇到多麼困難的事，都要贏得這場勝利！

我們要克服所有的困難來贏得勝利。因為沒有勝利，我們就不能生存。

——**英國首相　邱吉爾**

西元一九四〇年五月三日。希特勒席捲荷蘭、比利時，逼近法國；繼而締結德、蘇同盟，瓜分波蘭，英國乃瀕臨危險。此為新內閣組成時，邱吉爾在下議院的演說。

「第二部　激勵自己的名言」

我從不考慮未來的事情，
因為它轉眼間便會來到的。
——美國科學家　愛因斯坦

忘掉過去，專心一致其他的事情，
這就是解決煩惱的方法。
——美國哲學家　傑克・田普希

將傷心的枷鎖砍斷，
將煩惱的陰影揮去，
就是幸福的人。
——古希臘哲人　歐文・戴奥斯

下面就是三個能克服煩惱的方法：
一、首先預測最壞的情況。
二、如果是無可迴避的，就要做好面對它的心理準備。
三、沉著地計劃不利事態的補救之道。
——戴爾・卡內基

過去的事情已經逝如春夢，
不要再頻頻回顧，應該帶著希望去迎接明日。
——美國　馬歇爾將軍

再過一年，我現在的煩惱，
就不再覺得是煩惱了。
——英國詩人　撒彌爾・詹森

即使是再單純的工作，你也要專心一致地工作。
有什麼方法可消除不安，
而使你心無旁騖地工作呢？
這個方法，在心理學上是極其明確的基本法則，
那就是：「任憑你多麼天才，也絕不能三心兩意。」
——戴爾・卡內基

人生就像沙漏一樣。
沙漏的兩個瓶子中間是由一個極小的瓶頭連接著，
沙子只能夠每次一粒一粒地從上往下落。
人生事態亦然，無論你事情多麼繁忙，
一次終究只能完成一件事。
即使事情十萬火急，你也只能按部就班，逐一解決。
——英國哲學家 詹姆斯

假如我們凡事只是袖手旁觀，
毫無參與的熱情，
那麼，我們便成了達爾文所說的「軟殼蛋」了。
所謂「軟殼蛋」，
是指沒有行動力與意志力的軟骨頭，
也是落伍的幽靈。
——戴爾・卡內基

過去的事情不要再去掛念。
把它當作一個經驗就好。
忘掉煩惱吧！
眼前已有太多的困難，
所以，你更沒有理由去咀嚼過去的困擾。
——美國總統　胡佛

假如比起恐怖的惡夢，
現在深受的恐怖還算好。
——英國文學家　莎士比亞

為了容納明天必要的事情，
你必須把過去一切的事情摒棄在門外。
——英國醫學家　威廉・奧斯拉爵士

煩惱比工作更具殺傷力；
為了煩惱而喪命的人數，
遠較為工作喪命的人數多。
——美國教育家　愛德華

在人的一生中所發生的事，
大概有百分之九十是對的，
只有百分之十是錯誤的。
假如你想過得幸福，
那麼你就只去想那百分之九十的正確的事，
而忘掉那錯誤的百分之十。
如果你想自虐或想患胃潰瘍，
那你只好專心去想那百分之十的錯，
而忽略那百分之九十。
——戴爾・卡內基

喬治・哈法德曾說：
「到了晚上要滌盡你的思慮。」
這話的意思，不僅是指自我反省，
而是應像脫掉衣服一般把整個靈魂蛻去，
將一天所犯的錯，
或所犯的罪，一併揚棄。
翌日，你就會發現一個新生的自己。
——英國醫學家　威廉・奧斯拉爵士

時間可以改變一切。
過去的我，自然不是現在的我。
而現在的你和我，也許到了明日，
又變成了另外一個人。
——法國哲學家　巴斯葛

我是個十足的樂天派，
我只有成功的意念。
如此，在不知不覺中，
從來沒有所謂的不幸與失敗的恐懼心理。
凡事我都以這樣的人生哲學來處理，
並詳加檢驗自己的能力，
於是，我就能量力而為地做好各種計劃，
並努力完成它。
每一種計劃，應該有一己的巧思，而切忌蕭規曹隨。
——法國將軍 迪南

開朗起來吧！
因為世上還沒有令人無法承擔的淒慘和不幸。
——美國文藝評論家 詹姆斯

遇有大悲傷，必以勇氣去面對它；
遇有小悲傷，必以忍耐去應付它。
完成一天的工作之後，
好好地安眠，神會保佑你的。
——法國文學家　雨果

我們的疲勞並不是因工作而產生的，
煩惱、挫折、後悔才是形成的原因。
——戴爾・卡內基

唯有小事情才會令人煩惱。
假如大象衝過來，你儘可迴避牠；
而渺小的蒼蠅，你卻無法躲掉牠。
——美國幽默作家　喬治亞

與其工作時不知所措，
不如事前擬好周密的行事計劃。
——英國首相　邱吉爾

我走進實業界後才發現，憂慮是於事無補的。
所以一遇困難，我總儘量克服，
若非我能力所及，我就乾脆忘掉它，而專力於工作，
結果，反而使工作效果更加卓著。
——美國牧師　亨利・沃特・理查

過去的事情，
已經一去不返，
聰明人只是分秒必爭地考慮到現在和未來，
根本沒有閒暇去想過去的事情。
——英國哲學家　培根

通向幸福之道只有一條，
即是不為不如意的事煩惱。
——古希臘哲學家　皮耶克

小事不必太過計較，
因為這些微不足道的事情，
正是人生的白蟻，
只能毀滅自己的幸福而已。
——戴爾・卡內基

失眠症者之所以睡不著，
是因為太擔心失眠症。
為什麼你會注意到失眠症呢？
那是因為你睡不著的關係。
——美國出版家　富蘭克林・亞當斯

我們應當致力的，
不是那遠方的模糊的事物，
而是那明擺在眼前的事物。
——英國史學家　卡萊爾

根據平均值的法則來解決煩惱，
你必須自問：
「完全不發生問題的百分比有多少？」
——戴爾・卡內基

殺死人類的往往不是工作，而是煩惱。
工作對健康是好的。
煩惱就像齒輪上的鐵鏽，
會鏽壞一部機器，使它不是運轉，而是不斷的磨擦。
——美國牧師　亨利・沃特・理查

假如我感覺問題很多時，
我便撒手不管，任由問題自己去解決。
——美國實業家 亨利・福特

我沒有一毛錢的時候，
並不是我最煩惱的事，
因為任由你怎麼煩惱也無濟於事。
能做的只是盡力而已，
至於其他的，只有委諸上帝了。
——美國神學家 傑西・佩尼

法律的金言：「法律不關心小事情。」
假如你要擺開煩惱、求得心安的話，就要取法此道。
——戴爾・卡內基

人不是為煩惱而生的，
因此，切不可斤斤計較人生的各種問題，
同時也不要想一眼就看清即將擔當的職責。
每次問題發生時，
都要自問：「這問題的難處在那裡？」
如果你能誠實回答這個問題，
相信你也將感到無地自容。
其次，你應有這種信念——
「無論過去或將來都無法打垮我。」
因此，你要針對「現在」，把它適當的分割。
決定它們範圍的大小，
這種分割如果恰當，
那麼處理起來就容易了。

——古希臘政治家　索倫

期盼神到來的人，
他不知自己已在神的手中了。
你要相信，神與幸福是一體的，
所有的幸福，都在你擁有的這一剎那間來臨。
——法國文學家 安德烈・紀德

沒有人承受不了現在的重擔，
但如果把過去的重擔再加到現在的重擔上，
他便要不勝負荷了。
——蘇格蘭作家 喬治・麥克唐納

我從不考慮未來的事情，
因為它轉眼間便會來到的。
——美國科學家 愛因斯坦

失物的廣告一則：
昨日，從日出到日落之間，
我兩度失去了六十分鐘的寶貴時間。
拾獲者沒有賞金，就讓它永遠遺失吧！

——**美國教育家　湯馬斯**

今天的擔心，絕不要延續給明天，
因此，當你每晚上床時，
要心平氣和地和你的煩惱談判：
「我已為你全力以赴了，今後不想再見到你了。」

——**英國詩人　威廉・柯拔**

悲哀的由來，
乃在懷疑自己是否幸福。

——**英國文學家　蕭伯納**

每天的生活就是你的教室、你的宗教。
——美國女作家　卡密兒・姬布朗

現在憎恨所經歷的時間和狀況，
都是以前的時間和狀況累積下來的結果，
這是造物者從過去，
直到現在所創造出來的最美好的東西
——美國思想家　愛默生

要緊緊地抓住現在的時間，
因一分一秒逝去的時光，有無限的價值。
我現在以自己的一生作賭注，
就如以撲克牌去賭輸贏一樣，
都想努力去贏得這一場勝利。
——德國詩人　歌德

總而言之，
如果連一點讓你有趣、快樂的事都沒有的話，
那麼，你便又浪費了一天。
對我而言，這有違神的意旨，也是很遺憾的事。
——美國總統　艾森豪

切莫預測困難，
說不定那是不會發生的事。
你只要效法太陽，常保開朗的心情。
——美國科學家　班傑明・富蘭克林

人生有限，須及時把握現在。
那以前的已是過眼雲煙，
永遠抓不住的。
——美國評論家　亨利

當我碰到挫折時，
自認為可以克服的，便盡量去做。
認為絕不能克服的，就乾脆把它擱到一邊。
我絕不先決定將來的事，
因為將來是個未知數，
誰也無法預測將來的變化，
所以，大可不必去擔心它。
——瑞士作家 K．T．凱勒

這是相當重要的事；
憎恨活在現實裡，
倘若回顧過去，而能篤定的說：
「過去從沒有浪費過一刻時光」的人，
就是世上最幸福的人。
——古希臘政治家 索倫

現在我們無法征服的，將來也不能征服。
今天不過快樂的人生，永遠也不會有快樂。
今天不過美好的生活，
永遠也不能有美好的生活。
過去已不存在，而未來誰也不知道。
——法國作家　戴渥特·格烈森

不要浪費時間，因為人生是時間的累積。
——美國科學家　班傑明·富蘭克林

煩惱的事，
用散步去走掉是最聰明的。
出去外面走一走，
煩惱就會像生了翅膀一樣飛走了。
——戴爾·卡內基

對於明天，我沒有恐懼，
因為昨天我已知道——我深愛著今天。
——美國出版家 威廉・布萊特

據實來說，生存在現在的人非常少，
不論是誰，都希望生活在「現在以外」的時間裡。
——英國諷刺作家 喬納森・斯維特

當不幸的烏雲覆頂，
你就會對工作喪失自信。
若能克服信心問題，不幸就會消失；
只要心中想著幸福，幸福就會來臨，
如同迴照的燈塔，發出瞬息的光輝，令人注目。
——戴爾・卡內基

「時間」是這個世界上最寶貴的東西，千萬不要浪費。
因為逝去的時間，是不會再復返的。
時間是不敷應用的，
因此，能夠做的事就要趕快去做，
尤其是有價值的事。
假如你能把握住「現在」，
你便離「理想」不遠了。
——美國科學家 班傑明・富蘭克林

當你輾轉反側時，
就不要在床上胡思亂想，
快起來找點事做。
你之所以疲倦而失眠，
不是你沒睡意，而是你還在憂慮。
——法國道德學家 羅斯福克

為了明日而患得患失，
便要糟蹋了今天的秩序。
——美國教育家　約翰・梅遜・布朗

問題的解決之道；
就是把問題的關鍵來詳加考慮，
解決以後，便不要再去想第二次。
——戴爾・卡內基

不要以悲哀的眼神去回首過去。
因為逝去的歲月是不會再回來的。
只有好好的利用現有的時間，才是明智之舉。
因為在你手中握有的只是現在。
你要以堂堂正正的氣概去迎接夢幻的未來。
——美國詩人　朗費羅

人類中最活躍的人，
經常是欲望最強烈的人。
——赫德

人生有兩個悲劇，
其一是願望未達成，另一則是願望已經達成了。
——蕭伯納

如果宿願不能得償，
也不須為此懊惱、煩憂。
羅馬時代的哲學家皮耶克說：
「所謂的哲學，就是以自己的幸福為念，
不為外物所役地過你的一生。」
所以，你要過哲學的一生。
——戴爾・卡內基

人類常會埋怨時間不足，
而做起事來，卻宛如時間是無限一般。
——古希臘詩人　塞內加

如果僅看向陽的地方，
你就看不到影子了。
——美國女教育家　海倫・凱勒

從過去的錯誤當中，
有助於生出一些教訓來。
即使是花了很高的價錢，
你也無法買得這樣的利益，
所以不要追憶過去。
——美國總統　華盛頓

人生最應該快樂的時刻是現在。
若要使明年的生活美好而充實，
就要在「現在」奠基，
務必充實今年的生活；
若想有一個充實的將來，
也一定要持著堅定的信念——
充實現在，否則你的希望都將落空。
所以沒有比「現在」更重要的時期了。

——美國作家　湯瑪斯

滿足的祕密，
就是要懂得珍惜已擁有的東西，要能知足。
對於得不到的欲望，就要把它捨棄。

——中國幽默大師　林語堂

假如一次一次地攀登，
再高的山也能征服。
——美國實業家　約翰・沃納梅格

幸福對事物有其意義，
但並不是指事物。
所謂的「幸福」是你有了自己所喜好的東西，
並不是有了他人認為比較好的東西
——法國道德學家　羅斯福克

見山不見林的人很多。
同理，若只是好高騖遠，
只著眼將來的利益，
便要連此刻眼前的機會與利益都錯失了。
人生已夠短了，如再浪費掉時間，豈不是更形短促！
——英國詩人　撒彌爾・詹森

假如你不堪一擊，
那麼你這一生是注定要失敗的了。
——法國作家　諾曼・溫斯特

我們失望灰心，就好像檸檬水變了質一般。
但請別洩氣，尤其是為了以下兩種理由，
我們更要試著去突破現狀。
第一個理由：會成功也說不定。
第二個理由：也許不會成功，
也要把不好的轉變成好的。
不要去追悔過去，要勇往向前，
把消極的想法變成積極的想法。
如此，能讓靈感湧現，使我們會變得很積極，
也就沒有閒功夫去嘆息過去了。
——戴爾・卡內基

過去的每一天都已斷然的結束了。
只要你已盡了力，
即使是真的做了蠢事，
也要快快將其忘掉。
明天將會更好，
但你要好好利用它，
否則明天也不會更好。
——美國思想家　愛默生

人們的幸與不幸，
在乎他對人生的看法如何。
我深信這些和事情本身的性質，
似乎沒有太大的關係。
——德國語言家　威廉·佛勒特

人類的幸與不幸與命運有關，
但與你個人的性格更有關係。
——法國道德學家 羅斯福克

人生就像一場棋賽，
你能掌握的是技術，而不是運氣。
——古羅馬政治家 索倫

憎恨比任何的東西更要消耗一個人的精力。
那種嚴重的消耗，
比粗重的工作、比生病、比起擔心的情況更厲害，
假如洩恨之意襲上心頭的話，
就要趕快用一些好的想法取代。
因為我們的精神是來自神的賜予；
它應有更好的利用途徑。
——戴爾・卡內基

如果你在某方面得不到幸福的話，
可以在其他方面求取幸福。
這種轉換目標之舉，
不須借助什麼格言、座右銘、幸福與否，
繫乎你的人格和健康。
很多人找幸福就像傻瓜找他的帽子一樣，
說不定這頂帽子就在他的頭上，
而渾然不覺呢！

——英國作家　蕭伯納

意外事件的確和人運氣好壞有很大的關係，
這些意外事件包括他人的善意，親屬的死亡等等。
而自己的運氣將會如何發展，
則是操縱在自己的手中。

——英國哲學家　培根

真正的滿足，
是能從任何的情況中，
獲得一切有價值的東西。
——英國詩人　濟慈

幸運每個月都會降臨，
但如果沒有及時把握住，將會錯失了它。
這個月可別讓幸福溜走了！
——戴爾・卡內基

當機會出現在眼前，
能牢牢抓住的人，十之八九都會成功。
能克服偶發事件而靠自己創造機會的人，
卻是百分之百的成功。
——戴爾・卡內基

若想獲得很多東西，經過一天的努力，
就能如願以償。
——德國哲學家　尼采

當你運氣不佳時，
就想想我說的話：
「不管運氣如何，對這人生，我已很滿足了。」
——英國詩人　羅勒特・海利克

人生應當要有兩個目標。
第一、是追求自己想要的東西。
第二、是要享受到手的東西。
能達到此目標的，就是聰明的人。
——英國語言學家　羅根・史密斯

幸福就像夕陽，人人都能看得到，
但是大多數人卻把眼睛朝向別處，
錯過了這一片美景。
——美國作家　馬克・吐溫

衣服乃配合布料剪出來的；
能順應環境變化的人，
對自己是很有幫助的。
——美國作家　威廉・阿爾因

對所有的事物，
若能爽快的去接受的話，
就可創造出一番局面。
——英國作家　亨利・哈斯

如果不能欣然接受你的人生的話，
就等於把自己的靈魂出賣給惡魔。
——法國文學家　波特萊爾

心能創造出天堂，
也能締造出地獄。
——英國詩人　約翰·彌爾頓

人生行路，
只要追蹤披荊斬棘的前人就可以了。
我們要用運動員接受裁判的爽朗態度，
接受神賦予我們的壽命、運氣，
和生於祖國的幸福。
——法國詩人　鮑德烈

人生就如同回力棒一樣，
賜與人的東西，
會再回到自己手上。
——戴爾・卡內基

對於已注定的命運，就要讓自己去適應它。
因為命運之神會眷顧你的。
——馬可・奧勒

機會是很誘人的，但它到底在哪兒？
很多遙不可及的美好事物最誘人，
但那常常是騙人的幌子。
最好的機會，就在你的身邊。
——英國批評家　約翰・羅斯金

幸福的祕訣是盡可能的去關心兩件事。
而且對於所關心的人或事物，
要盡量容忍，儘可能以親切的心情來接受。
——英國哲學家　羅素

任何人都能夠驅走煩惱、恐懼和一切的疾病。
只要改變自己的心理狀態，
便可展望另一個新生的自己。
這道理我很明白，
因為像這種變化，
我已經驗了許多次，
也由於屢見不鮮，
我也不再為此大驚小怪了。
——戴爾・卡內基

我們對不幸考慮得太多了，
但事實上不至於像我們所想的那樣不幸。
——法國作家　巴爾札克

兩名囚犯由鐵窗往外眺望時，
其中一個看見的是泥土；
另一個看見的是星星。
——法國文學家　福納克

你都感到有趣，
當你付諸行動時，
你就會覺得熱勁十足而且不會錯過任何機會。
因此，縱然人生短暫，
你也可有許多驚喜的體驗和收獲。
——英國作家　羅倫斯坦

幸福的祕訣，不是做自己想做的事，
而是喜歡自己所做的事。
——英國劇作家　詹姆斯・巴里

對任何事物，
在這世上，
你生活的主要目標是幸福。
幸福不受健康或名聲所左右。
得到幸福的最大關鍵在於——
你的人生態度。
不要去哀悼那些得不到的東西，
而要慶幸的是已經掌握的東西。
這樣，你自然會以感恩代替愚蠢的抱怨，
這就是你的幸福。
——戴爾・卡內基

將所有的事情全往好處想的習慣，
比億萬財富更有價值。
——英國詩人　撒彌爾・詹森

不要浪費精力去懊惱那些未能處理的事，
而要去享受那些已經處理好的事物所帶來的欣慰。

乍看之下，行動像是隨著感情而起的，
但實際上動作和感情是並行的。
行動能依照意志直接的來控制，
感情就不能夠了，
可經由行動來間接調整感情。
因此，當失去了爽朗時，
要將其尋回的最佳方法，
就是要爽快的去做、俐落的去說。
——美國心理學家　威廉・詹姆斯

除了人類之外，
所有其他的動物都了解生存最重要的工作，
就是尋找快樂。
——英國詩人 撒彌爾・詹森

好好地利用像黃金般貴重的時間，
並緊緊抓住垂手即得的好東西，
這才可稱為人生中偉大的藝術行為。
——英國詩人 撒彌爾・詹森

悲觀的態度要比事情本身帶給人的傷害來得嚴重。
我們唯一應該致力的最大問題是選擇正確的思考方式，
假若能夠如此的話，就對問題開啟了解決之道。
——戴爾・卡內基

即使是最壞的事情，
也要照單全收，
這便是獲致內心平和的祕訣。
——中國幽默大師　林語堂

顯然地，環境並不能絕對決定人的幸與不幸。
耶穌曾說：「天堂就在你心裡。」
同樣地，地獄也在你心裡。
——戴爾・卡內基

我所見過的偉大的成功者，
常常是性格開朗、充滿希望的人。
不管他在人生旅途中遭到任何變化和風雨，
他都能挺起胸膛，一本大丈夫的氣概去迎接人生。
——英國宗教家　查爾斯

所謂人生，不過是自己思想的產物。

——古羅馬皇帝　奧雷斯

拿到了檸檬就應把它榨成汁，
即使它是酸的，也不要去丟棄。

——美國實業家　朱里雅斯・羅傑

善於利用小機會的人是天才。
只有捷足先登的人，才是名副其實的創造者。

——英國思想家　維多利亞・威斯特

對任何發生的事，都要欣然接受。
若能如此，便是踏出克服不幸的第一步。

——美國心理學家　威廉・詹姆斯

人不應該將不幸歸咎於環境，
應該學習重新鍛鍊自己的意志，
並確認自己此後應走的路。
——法國思想家　阿魯貝德

人都慣於將自己的問題歸咎於環境。
我不相信環境——
因為好的環境，假如找不到，也可以自己去創造。
——英國文學家　蕭伯納

對於不會利用機會的人來說，
機會就會像是波浪般地奔向茫茫大海，
或是變成不會孵化的蛋。
——法國女作家　喬治桑

人生和宴會相同，
人生也不要喝得太多，在未口渴時離開最好。
——亞里斯多德

信仰就是相信眼睛所見不到的事物。
而信仰的報酬就是讓眼睛看見所相信的事物。
——古希臘神父　奧古斯汀

所謂幸福，
與你豐富的知識無關，
而在於你如何運用那些知識。
幸福也與所受的訓練無關，
而在於你是什麼樣的人，
且能做什麼事。
——美國作家　喬治·霍南

傷害我的，就是我自己。
我所受的傷害，出於我自身。
除去「自我」的煩惱，
其他所有的煩惱只不過是些幻影罷了。
——法國女皇　聖・迭爾納

產生勇氣的方法、
獲得幸福的方法、
增強能力的方法和無憂無慮的方法，
就在於隨時反省自己。
如此，便能替自己找出最好的方向。
您若對自己說些值得感謝的事情時，
心情會快樂奔放得放聲高歌。
——戴爾・卡內基

祈禱不能改變神，
而能改變人。
——丹麥思想家 謝運・黎凱哥

許多被稱為有害的東西，
往往有助於煩惱者從憂慮疑懼轉為積極奮鬥，
實為一帖有效的強心劑。
——美國心理學家 威廉・詹姆斯

祈禱是宗教的靈魂，
也是宗教的精髓。因此，
祈禱是人生的核心，
沒有宗教信仰，任何人都無法生存。
——印度哲人 甘地

在我們的手中，每天不知要浪費多少小東西，
這些都是小小的好機會。
神讓我們自由地去利用或是浪費。
這些為我們降臨的好機會，希望你我都能善加利用。
——美國女教育家　海倫・凱勒

每天早晨對自己說些勉勵的話，
就會像是愚笨的孩子嗎？絕對不會！
這其實就是所謂健全心理學的精髓。
「人生是他自己思想的產物」，
這句話是在十八世紀
前羅馬皇帝奧雷斯所寫《冥思錄》中的一句話，
至今仍是熠熠生輝。
——戴爾・卡內基

信仰神是最聰明的人，
人可藉著神的力量變得堅強；
藉著神的英明智慧變得賢明；
藉著神的恩慈而變得幸福。
——法國詩人　喬治桑

能注意到事物價值的人，
與能分辨事物性質和原理的人，
都可自經驗裡擷取一些東西。
——美國外交官　約翰・佛斯特

無論你付出多少代價，
時間都絕對是「無法挽回」的了，
假如你想要時間的話，就用你的手去找吧！
——英國博愛主義者　查爾斯・巴斯特

用愉快的心情交朋友，就好像過了一個爽朗的好日子。
我們都有自去選擇天堂或地獄的生活。
——英國銀行家　約翰・拉勃克爵士

不去感嘆自己缺少什麼，
而能珍惜自己手中所掌握的事物，
才是聰明的人。
——古羅馬皇帝　奧雷斯

人生難學的東西很多，
也有許多終其一生也學不會的。
譬如，要從平凡的東西裡看出神聖、純潔的成分，
也就是說，要讓你找出天國來。
事實上，它本來就存在於我們的身邊。
——美國自然主義者　約翰・巴洛茲

人類最可悲的觀念，
就是想延長自己的壽命。
我們只憧憬地平線那端的神奇玫瑰園，
而不去欣賞今天窗外正在盛開的玫瑰花。
——戴爾·卡內基

你和我都生活在這一刻——過去和未來的分界點。
你無法在分界點之外生存，
無論是悠長的過去，
還是無盡的未來，
即使只是一瞬間，
你也無法自此刻逸出。
因此，我們要認真地過活，
也就是說，從現在開始到就寢之間你都要活得很滿足。
——戴爾·卡內基

我只不過是個「立在黑暗中的黑柱子」罷了！
十分重視感官享受的人必然可憐我，
但那是因為他們看不到喜悅和我同住在人生的黃金屋裡。
他們覺得我的前途黑暗，
但在我的心中，卻擁有著魔法般的光亮。
我的信念就是精神上的探照燈，照亮我的前途。
而且即使在黑暗中潛藏著不測之虞，
我也不害怕的逕往「迷惑的鬼魅森林」走去。
在那兒，
樹木的葉子青蔥，
並帶著喜悅的氣息，
黃鶯高踞枝頭築巢放歌。
在神之前，生死如一。
——美國女教育家　海倫‧凱勒

我們應好好地考慮明日的事。
也就是說，
必須慎重的策劃和準備，
而不是擔心。
即使是有滿懷的疑慮，
也不需害怕，
勇敢地提出問題，
表示信心堅定，
懷有不可動搖信念的人，
可以獲得真正的效果——
穿過佈滿荊棘的道路，
即可到達廣闊的大地；
經過懷疑的都市可到達真實的世界。
——美國女教育家　海倫・凱勒

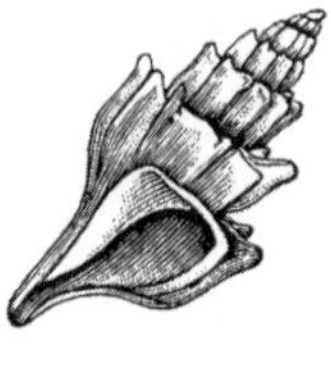

行善或惡、
遭遇幸或不幸、生活貧或富，
全在於人心。
——英國詩人　惠特曼・史賓塞

對我們現代人來說，有一種驚人的事實，
顯示了現在的生活是如何的錯誤。
在美國，半數的醫院病床被精神病患所佔據。
他們是因為無法負荷過去及未來的重擔而不支的。
如果他們能注意耶穌的箴勉：「不憂慮明天的事」
及威廉・奧斯拉所說的：「你只能生存在今天的房間裡」，
便能使自己成為快樂的人，
滿意的度過一生了。
——戴爾・卡內基

悲傷欲絕時，
就像是在森林深處迷路的旅人，
恐懼而迷惑，
不知該往哪個方向。
即使找到了一條路，
卻被樹木和石頭擋住了，
但是道路還是在那兒，
這就是信仰之道——
若依循此道，
在今天這個日子裡，
千萬不要被煩惱和懊悔的硫酸腐蝕。
今天是一個寶貴的日子，你要抬起頭，
要像溪流的反射光亮般讓你的思想也熠熠生輝。
你要好好地抓住今天，
因為它是一去不復返的。

——戴爾·卡內基

淺薄的哲學，將人心導向無神論；
深奧的哲學，將人心導向宗教裡去。
——英國哲學家　培根

所謂的神，就像友人一般，
可以讓我們完全信賴，並為我們解決所有的問題。
在人生中，不管走往哪個方向，困難都跟著我們，
亦唯有困難才能試煉我們的人格，
面對困難的最好方法，就是相信自己是不倒的。
要知道，有一個不眠不休守護著我們的朋友，正不斷指引我們，
如果你心存此念，一切便可如願以償。
如果事事輕而易舉地完成，豐富的人生經驗將失去一部分的喜悅。
就好像登山到了頂端的那份喜悅，
如果在途中沒有碰到一座黝黑的深谷，
那麼你的喜悅也就減半了。
——美國女教育家　海倫・凱勒

這個世界是一本很美的書。
但是，對於不會讀它的人來說，是沒有什麼用的。
——哥得尼

你已盡了全力了。
現在，努力的結果都操在神的手中。
假如國家獲救，是因為獲得了神的恩寵！
當你向神報告時，肩上的重擔卸下了。
解脫你的不安情緒，如此，信賴之心便油然而生。
——美國總統　林肯

以信仰去奮鬥，
我們的能力將增強兩倍。
——古希臘哲學家　皮耶克

對神真正地信仰、
誠摯地祈禱的人，
可以得償一切的願望。
——德國宗教家 馬丁路德

過去三十年間，
許多來自世界各地的人來找我看病，
在治療了這些患者之後，
我發覺到了人生後半輩子的病患們，
即是三十五歲以上的人們，一個也不例外的，
宗教的人生觀是他們最終的藥方。
由於宗教可以給予信徒們他們迷失的事物，
因此，不相信宗教的人，沒有一個可以完全治癒的。
——瑞典精神科醫生 卡爾

天國兩位朋友，神和我自己。
在這世上，我必須和神共同生活，
而在天國裡，我仍須和神共同生活。
——美國總統 傑弗遜

海面浪濤洶湧，
但在海洋深處卻是平靜的。
以高瞻遠矚的視野來眺望現實，
個人在世間不斷沉浮就顯得無意義了。
真正有宗教信仰的人，
內心是平靜而堅定的，
而且隨時準備面對應盡的義務的。
——美國心理學家 威廉・詹姆斯

祈禱是宗教行為，也就是說祈禱才是真正的宗教。
能把宗教的現象和與其類似的純粹道德心
或美好的心情來區別只有祈禱一途。
參與宗教活動，你便能掌握人類的全付精神、
生命源泉及宇宙真理。
但若不圖自救的話，則宗教也就毫無價值。
來自自救的行動便是「祈禱」。
我把祈禱想像成下列所敘述的，
不賣弄無意義的言語，不重複裝模作樣的祈禱文，
那才是靈魂的真實所在，
並親切的和一種神祕力量相接觸——
「祈禱」之實，說不定先於其名。
因此，若缺欠這種內心的祈禱——
宗教就不存在了。
另一方面，倘若你在內心祈禱，便可使你靈魂得救，
即使沒有宗教形式和教義，宗教也是存在的。

——美國心理學家　威廉・詹姆斯

這個世界的一切都是舞台，
無論男的女的，都是演員。
——莎士比亞

我要活在信仰中，
任何事都無法動搖我的信仰。
我將得到最崇高的力量——
秩序、命運、偉大的靈魂及自然——神的恩惠。
這些力量，使所有的生命成長，
使大地中萬物活潑起來。
我樂意和這無可言喻的偉大力量為友。
而且，我滿心快樂，充滿勇氣，
也有心理準備——接受天命的心理準備。
這所謂的「樂觀主義」，
祂就是我的宗教、我的信仰。
——美國女教育家　海倫・凱勒

祈禱是人類所產生出的最強烈的能源。
它與地球的引力一樣，是有一股力量存在的。
做為一名醫師的我，在許多人已病入膏肓，
而所有的治療方法都宣告失敗時，
我看到由於所謂祈禱那種嚴肅的努力，
而挽救了疾病和憂鬱的例子：
祈禱就如日光般地，自己發出光來：
人類因祈禱引發無限的精力，
也因而增加了自己原本有限的能源。
祈禱時，我們就和使宇宙迴轉的無限原動力相結合，
所以我們要祈禱這一部分的能量降臨在我們身上，
使人類的欠缺獲得填滿、使其增強、獲得醫治。
在熱誠的祈禱中，不管肉體或精神都能迅速回復，
即使只是一時間的祈禱，也一定能獲得一些好的結果。

——法國生理學家　卡列爾

當我考慮問題時，總是把我心扉的一角打開，
等到解決時，就把它閤上。
第二次再考慮時，我又打開另一角。
想睡時，我就把整個心扉閤上。
——法國皇帝 拿破崙

如果把世上人類的煩惱蒐成一堆，
再均分給每個人，
相信大家都能滿足地滿載而歸。
——古希臘政治家 索倫

對自己的煩惱發出「停止侵害」的命令。
這樣，你就可以排拒那些額外的不安。
——戴爾・卡內基

一個人不能同時處理一種以上的問題，
但世人往往貪心地同時處理三種問題——
「過去的問題、現在的問題和未來的問題」。
我們憎恨人時，
寧可是自己去支配敵人，
而非受憎恨支配。
但一旦你憎恨了敵人，
即表示你將敵人看成頑強之輩的緣故。
而憎恨便開始支配你的睡眠、
食慾、血壓、健康、幸福等，
如果敵人知道我們因此而困擾，
他便要乘虛而入。
憎恨非但於他毫髮未傷，
反而將自己的生活陷入地獄中。
——戴爾・卡內基

「第三部　為人處世的名言」

自然絕不會欺騙我們，
欺騙我們的經常是我們自己。
——盧梭

即使煮一個蛋也有最好的方法，
那就是為了快樂地、
順暢地進行一件事所應採取的程序。
——英國教育家 愛默生

「緊閉的嘴巴，蒼蠅飛不進。」
讀了此句菲律賓諺語，經常為之感動。
——塞歐德亞・路茲威爾

若想獲知對方的本意，
就目不轉睛地凝視對方的臉，
看見其表情，就很容易抓住其言語的意思。
——英國政治家 吉斯・斐爾

對於虛弱的人而言，
開朗的臉龐就如晴朗的天氣那般可喜。
——美國科學家　班傑明・富蘭克林

接受他人的祕訣，
就是要時常想著：「我對他還不夠親切。」
——美國作家　拉謝兒・萊斯

千萬不可和上司發生口角，
而是要溫和地使上司聽取——你的判斷。
——美國總統　華盛頓

即使世上只剩一個人，也還有與他親近的機會。
——古羅馬詩人　塞內加

見人有難，便很自然的鼎力相助他人的善良人士，
在他幫人時，總是熱情有加、歡歡喜喜，
這種喜悅，使他領受到生存的意義。
世上有比這更快樂的嗎？
憧憬幸福的人，若能捫心自問，
哪怕只是一瞬間，他必能發現，
真正打從心底感覺到的喜悅，是那麼多，
就像長在腳底下的雜草和在朝陽下，
閃閃發光的露珠一樣。

——美國女教育家　海倫・凱勒

和對方意見相左時，
千萬不可把敵意顯現出來；
應當努力把敬愛對方的心情，
付諸於表情、行動或言語上。

——美國參議員　保羅・道格拉斯

要改掉討厭別人的方法只有一個，
那就是尋找對方的長處，
而且你也必須能夠找到其長處。
——戴爾・卡內基

有許多人和人交談後，
讓人留下不講理的壞印象，
那是因為多數的人滿腦裝著自己想說的話，
而不去聽取對方的話之緣故。
——法國道德學家　羅斯福克

信任他人者，
較諸不信任他人者更少犯錯。
——法國哲學家　卡伏爾

面帶真誠的微笑，
不要戴上假面具。
誠心誠意，
無絲毫造作的親切，
是令人無法抗拒的。
只要我們永遠保持親切，
即使是個喪盡天良的人，
也必定會感動不已。
——古羅馬皇帝 奧雷斯

我們人類是群居的動物。
且也是以好意來認可同族之動物。
假如自己被自己所屬社團的每一分子完全背棄時，
那將是最殘酷的刑罰。
——美國心理學家 威廉・詹姆斯

若為了要真正了解別人而努力，
只須在短短兩小時，
即可獲得無數友誼。
如此，比起為了使別人了解自己，
而費了兩年時間苦鬥奮戰才獲得的友誼，
還要超出許多。
換句話說，要獲得友誼的最好方法是：
先做對方的朋友。
——戴爾・卡內基

想獲得朋友，
使其想法和自己同步調之最確實的方法，
即是尊重對方的意見，並滿足對方的自尊心。
——戴爾・卡內基

你明天將遇見的人，
有四分之三的人們會拚命探尋——
「沒有人同意我的看法吧！」
如果你表示同意對方，你便會受人喜歡。
——戴爾・卡內基

口角是任何人都會的遊戲，
也是一種雙方都無法獲勝的競賽。
——美國科學家　班傑明・富蘭克林

承認本身的錯誤，
並非想像中那般困難。
要解決事情時，
虛心地承認自己的罪過是最重要的一點。
——英國政治家　班傑明・狄斯雷里

稱有禮貌、胸襟寬宏為真正的大人物，
那是再恰當不過的了。
——古羅馬政治家 齊凱羅

禮儀是表達人類本性的一種行為，
這種行為有如熱之於蠟之傳導的功用。
——德國哲學家 叔本華

長年的經驗至少教會我們一件事：
即使對方說了不中聽的話，
與其嫌惡他，倒不如用積極的方法，
儘量轉移話題。
同時，一方面要表示尊重對方的意見，
如此，對方也會尊重你的意見。
——美國科學家 班傑明・富蘭克林

請你想一想微笑的祕訣及其效果吧！
首先，你對人對事必須要出乎至誠，
假如你不留意這一點，
即使微笑了，也是很勉強的，
所以在人的面前，要常常面露微笑，
對你將是很有助益的。
面對微笑的人，把幸福傳播給別人，
這種幸福，就像鞦韆一樣，
它會回到你自己的身邊來。
因為對方假如心情愉快，
不久臉上就會綻開微笑。
莞爾一笑，必能袪除灰色的心情和冷漠的隔閡；
會心一笑，便能無言地傳達喜歡對方的真情。
這種心意傳達到對方，對方也會喜歡我們的。
聽我的勸告吧，養成一種微笑的習慣，
一定會使你左右逢源。

——戴爾・卡內基

拉扯對方的鈕釦或對方的手，
無法就此使人成為你的忠實聽眾。
如果對方不想聽你的話，
你不如閉上自己的嘴巴。
——英國政治家 吉斯・飛爾爵士

想巧妙地和極難相處的人交往，
必須表現出你的優點，讓對方發現，
並進而產生敬佩之心，
那麼對方便會樂於與你相交了。
——美國心理學家 阿爾弗列・亞多拉

幸福就如同香水一般，
撒在別人身上時，
自己必定會沾到些許。
——美國思想家 愛默生

一旦進入一個新的團體，便要入境問俗，
好好了解一下環境，然後想辦法去適應它。
如此，你的交際應對，便能得心應手。
和人說話時，常以「是這樣的嗎？」、「不是這樣的嗎？」
這種留有餘地的措詞，而不用強迫命令似的口氣。
新進人員如果能客客氣氣向人請教，對方也會對你生出好感，
自然也會爽快的傾囊相授。
反之，若你狂妄自大的話，不過引起人家的輕蔑與批評罷了。
與人相交，若表現得太精明或太愚笨，對你只有不利。
面對任何事情，都不要排拒。
如此你就能事事如意，否則只好慘遭滑鐵盧。
如果你和一個你所瞧不起的人相處，
與其在臉上明顯的寫上敵意，還不如在表面上時加讚賞。
因為稱讚比責備讓人受用得多，至少也不至於惹人討厭。
當你稱讚一個人的優點時，你便馬上能贏得對方的好感。
但若只是為了互相標榜，則還是儘量避免為妙。

——美國科學家 牛頓

若真心地幫助他人，
自己也必定會獲得他人的幫助。
這是人生最美的一種報酬。
——美國思想家　愛默生

幸福要在我家的爐邊成長，
而不該在別人家的庭院摘取。
——傑羅德

當我們攜手並進時，
你能幫我忙，我也能幫你忙。
人類的生命不會太長，
死了以後，便將永眠九泉。
所以，在這個世界上，
你必須去幫助別人。
——英國詩人　威廉・莫里斯

幸福對身體有益，
但是能發揮精神力量的往往是悲傷。
——馬塞・普路斯特

和自己的鄰居處得不好的人，
他的人生是痛苦的，
在他周遭的人也會跟著受苦，
人們之所以犯錯，
都是由於這些人攪和出來的。
做人最重要的，
而且最值得欣賞的，
即是要有和衷共濟的朋友，
將所有的人視為朋友。
如此，不論是戀愛或結婚，
才會有真正互助的伴侶。
——美國心理學家 阿爾弗列・亞多拉

現代人的生活是非常忙碌的，
把重要的話講完後，
你就不必再滔滔不絕，
而應讓對方有發言的機會。
——戴爾・卡內基

若對方摩拳擦掌地打過來，
我們也要不干示弱地舉拳相迎。
但是若對方心平氣和地說：
「我們可以彼此好好地談談嗎？
萬一意見相違，我們不妨彼此研究解決之道。」
不久，你將會發現你們的意見並非如想像中那般差異，
只要互相容忍，好好商量，
問題終能迎刃而解。
——美國總統　威爾遜

假如可以使對方開心的笑，
則你已開啟友誼之道。
假如你和對方一起笑，
就表示對方喜歡你了。
——戴爾・卡內基

假如你以對方的事做為話題，
對方總是會側耳傾聽的。
——英國政治家 班傑明・戴斯特

比起所愛的人所贈送之禮物，
聰明的人會更加重視那贈送禮物者之愛。
——德國作家 湯瑪斯

與其由自己的不幸去學習，
還不如從別人的不幸中去學習。
——伊索

想結交朋友，
必須經常關心朋友的情形。
若能記住對方的姓名，
始表示你重視對方，
而你也能因此留給對方一個好印象。
反之，你的朋友若能記得你的名字，
便能提高你的自尊心了。
——戴爾・卡內基

我們知道得愈少，
就會愈頑固地相信它。
——蒙田

給了他人，自己沒有損失。
獲得的人，也不會嫌多。
雖然僅是驚鴻一瞥，卻令人刻骨銘心。
沒有它，富人無法過活；
有了它，窮人變得豐裕。
它能使家庭幸福，
使生意興隆，使朋友心意相通。
是征人的休養，是失意者的光明，
是傷心人的太陽，也是憂鬱者的解愁劑。
它是買不到、偷不得、搶不著的，
免費贈送之後才會有價值。
因聖誕節大拍賣而精疲力盡的店員之中，
或許有些人臉上沒有掛著微笑，
在此致上萬分的歉意。
同時請來賓們帶著微笑來吧！
世界上沒有任何生物像人類那樣迫切地需要「微笑」！

——美國幽默作家　法蘭克・福烈查

有些人因長時期誤會而造成隔閡，但卻不思化解之道。
有些人雖自知不應過於驕傲，
可是他並不注意仍時常與人發生爭論。
有些人與朋友相遇時，總是板著臉，不理會他人，
即使他知道對方明天可能會死，
他會因此而懊悔，可是他仍抵死不肯先和對方打招呼。
有些人明知鄰居會餓死，他也只當著沒看見。
有些人明明心裡想讚美他的朋友，
給朋友一點溫情，但他始終不說出來，
讓他的朋友兀自煩惱。
假如你能悟得「人生苦短」這句話的真義，
你便會立刻補救這些缺失，
你應該立刻付諸行動，否則機會稍縱即逝，
也許這輩子再也無法補救了。
——美國傳教士　菲力普・布洛克斯

自然絕不會欺騙我們，
欺騙我們的經常是我們自己。
——盧梭

一個和睦的家庭，是幸福的源頭，
其重要性僅次於健康和良心。
——英國宗教家　東尼史密斯

在爭論或反駁的情況下，
也許你會說得對方啞口無言，
你以為自己就是贏了嗎？
事實上，這只是一場假勝利——
因為你無法贏得他對你的好感。
——美國科學家　班傑明・富蘭克林

和人交往時切勿忘記的一件事，
即對方有其固有的生活方式，
故不可干擾他人的生活。
——英國小說家　亨利・詹姆斯

人類是變色龍。
根據其天性、法則，始終讓他所去的地方帶有顏色。
——馬克・吐溫

一輩子裏從未親切地對待人、
從未給人真正的喜悅、
也從未幫助過他人，
就這樣地過了一生。
如此在年老時，
會有美妙的人生回憶嗎？
——美國實業家　約翰・瓦那美格

如何言談得體和說話的內容有著同等的份量。
喜歡聽甜言蜜語的人，似乎比有判斷力的人多。
——英國政治家　吉斯・飛爾爵士

真正的友誼是一棵成長緩慢的植物，
在長到可稱為友誼之前，
必須經得起危機四伏之考驗。
——美國總統　喬治・華盛頓

縱然身處危急的生死關頭，
猶能考慮到人類悲憫之心
及支配人類的法則為何者，
必能得到最佳的報酬。
——英國首相　邱吉爾

若要樹敵，
只要擺出不可侵的態度即可。
反之，若想要得到同伴，
只要幫助對方即可。
——法國道德學家　羅斯福克

與惡人相交之祕訣僅有一個，
那就是將他視為高尚的紳士來看待，
臉上露出平等對待的態度。
如此一來，對方在你精誠所至、
金石為開的真情下，
自然會對你推心置腹、以誠相待了。
而當他一想到世上還有信他的人，
也會引以為傲！
——法國女作家　路易斯・露絲

努力向上的人，
應當沒有時間和人吵架。
一想到吵架的結果，
不是不愉快就是失去自制力，
實在划不來。
若自己有五分的道理，
再怎麼重大的事情，
總該將有利的權益讓給對方；
縱然自己擁有十分的道理，
若只是一件小事情，
還是讓步較好。
在羊腸小徑上碰到狗，
與其與狗爭道而被咬傷，
毋寧讓路給牠要來得聰明些，
否則即使將狗殺死，
也無法使你的傷痕癒合。
——美國總統 林肯

我們的心有兩扇門，
——欲望和恐懼。
——奧古斯丁

丈夫對妻子的感情應當像慈父、像朋友一樣，
切不可作威作福，如同暴君。
——英國宗教家　傑勒米·帖拉

在一場激烈的爭辯裏，
你說了許多口不擇言的話，
已經是愚蠢至極，
如果再形諸於文，就更加不智了。
別人給你一封很失禮的信，
你也回他一封更失禮的信。
則你們兩人都可以將此信件丟到垃圾桶裏去了。
——美國學者　耶伯特·哈法德

人類最必要的特質是什麼呢？
管理者的能力、
偉大的精神力量、
親切的心、勇氣、幽默感——
這些都不是，
雖然它們都極重要，
但還有更重要的。
我個人認為那就是結交朋友的能力，
具體地說，即是「發掘朋友長處」的能力。
——戴爾・卡內基

為了朋友，
無論多麼重大的事情，都不要害怕。
同樣的，如果是好朋友，
無論多麼卑微的事情，也不要覺得羞恥。
——英國政治家 菲力普・東尼

我們應該彼此互相尊敬，
反正彼此都不是偉大的人物，
還不出一百年，
人們就會把我們忘得一乾二淨。
人生就是不要得意洋洋的、
冗長地陳述自己的事，
不如儘量簡短談話，
好讓對方有說話的機會。
——戴爾・卡內基

三十年前，
我悟出嚴斥他人乃是愚蠢透頂之事。
能克服自己，已是很困難了，
何況上天未賜給人們同樣的智能，
所以，儘管你發牢騷也是枉然的。
——美國實業家　約翰・瓦那美格

所謂自私並非照著自己的希望而活，
而是強迫他人按照自己的希望而活。
另一方面，
不自私的人絕不干涉他人的生活。
凡自私者，
若不把周遭的人套進一己的理想模式裡，
他就快活不起來。
不自私的人尊重每個人的不同性格及各種差異，
並且樂意接納。
——英國作家 王爾德

希望別人怎樣對待你們，
你們就要先怎樣對待人。
——馬太福音

我們總是不肯以評估自己的尺度來衡量他人。
試圖說服對方，
不可使用逼迫的手段。
有句諺語說：
「一滴蜂蜜，比一加崙膽汁捕得更多的蒼蠅。」
蒼蠅和人類是很相似的，
希望對方同意你的意見時，
一定要知己知彼，
如此，你才能成為抓住對方心理的一滴蜂蜜，
這也才是說服對方之正途。
一旦你有辦法達到這個境界，
要使朋友欣然接受你的意見，
也就指日可待了。
相反的，
你沒有將你的意見適度的傳達予對方了解，

或限制對方的行為，蔑視對方的尊嚴……等等，
對方就會堅持自己的看法，
抵死不肯屈從。
到了這種程度，
即使你的意見是真理，
他也不願接受。
正如你的槍桿比鋼鐵還要堅硬猛銳，
經大力士奮力一擲，
也只像麥桿輕輕扔在烏龜的背上而渾然不覺一樣。
人類多數是這樣的：
設若一個領導者想要引導屬下，
向著他自己最關心的目標邁進，
如果連屬下的心理皆茫然不知，
那將會前功盡棄的！

——美國總統　林肯

待人要誠懇，
言談舉止要腳踏實地。
不要向人說教，
而要使人快樂。
假如你能博人一粲，
又能發人深省。
如此一來，
人家就會喜歡你，
也會相信你的話。
——美國政治家　阿爾弗烈・史密斯

人類只不過是一枝蘆葦——
自然中最脆弱的蘆葦。
然而，卻是一枝會思考的蘆葦。
——人本思想家　巴斯葛爾

我們必須為知識穿上禮儀之外衣，
而處世一定要圓滑。
因不具備禮儀的知識就如同偉大的鑽石裸石那般，
只能排列在櫃子裡，
用好奇的眼光去瀏覽，
當成稀有寶貝來珍惜它。
可是，若要令人激賞，
則需經過一番精心雕琢。
——英國政治家 吉斯・飛爾爵士

與人交談，猶如彈奏豎琴一般，
縱然只彈著同一條弦，也是相當辛苦。
當別人感到乏味時，便要把弦按住，
使振動停止，
這其中更需要運用精湛的技巧。
——美國醫生兼散文作家 奧利華・荷姆茲

不到生命的終點，
上帝是不會裁判你的。
——英國詩人　撒彌爾・詹森

遇到對方的意見和你有所出入時，
你也不可以敲對方的頭，
試圖使對方開竅，
因十年前的你和現在的你，就有很大的差別，
懂得這層道理後，
應該敲的也許是你自己的頭了！
——美國教育家　普里斯

人類最壞的罪，
並不是憎恨人類，而是人類漫不經心
——這才是無情的本身。
——蕭伯納

能給我們力量的，
與其說是朋友所給的援助；
毋寧說是我們確信有朋友的幫助。
——古希臘哲學家　伊壁鳩魯

想真正地受人歡迎，
必須對任何人都要表現出同樣快樂的樣子。
當然，與其努力取悅一個人，
毋寧使大家都高興。
擁有這種氣質的人縱然沒有很好的教養或機智，
只要有常識，其一言一行令人感到和藹可親的話，
比起那些擁有偉大的才能但卻欠缺此種氣質的人，
更能大大地打動人心。
——英國作家　約瑟夫・阿丁遜

我具有喚起他人之熱情的能力，
因為我認為對方是獨一無二的，
是任何東西都無法替代之寶。
對於發揮一個人之長處而言，
讚美與鼓勵乃是最佳的方法。
沒有任何事物會像被上司斥責那樣地，
危害個人的向上心的，
所以我絕對不責難他人。
我深信要使人工作，
獎勵乃是必須的，
因此我們要讚美別人，
而不要譭謗他人。
若想受人歡迎，
那就由衷地讚美，
毫不吝惜地給予鼓勵吧！
——美國實業家　查爾斯・休瓦夫

根據現代科學的發現：
常被人稱讚的小孩，
比被人叱責的小孩聰明。
假如在你的部屬裏有你不喜歡的人存在，
也許是因為你的做法上的關係。
要注意，賞識是可以培育出能力的一股力量。
——英國實業家　湯姆斯・多來拉

真正的朋友是推心置腹、肝膽相照。
給予適當的建議，
不顧危險地給予援助，
忍受一切，
勇敢地守護著朋友，
則你們的友誼將至死不渝。
——英國宗教家　威廉・潘

糾正朋友的缺點，
是友誼最嚴厲的考驗。
若是對方生氣、或是厭惡的話，
倘使你基於對對方的深愛
而厚著臉皮去親近他或說些激勵的話，
都已毫無用處。
所以倘使你真正愛你的朋友，
就應避免得罪他，
你要出於愛心的婉言相勸，
才是真實的友情，
但這樣的朋友實在是太少了。
我們的敵人經常會說我們很好，
但卻會突然用劍刺過來。
——美國牧師　亨利・沃特・理查

彼此手牽手時，
其間依舊要有距離的存在。
——敘利亞詩人 紀伯倫

言談舉止對於事情的影響何其大啊？
倘若以一種很冷漠的態度為他人服務，
自然不會有親切的表現。
就好像一個硬饅頭般，
「幾乎餓死的人，才會去吃它，
或許還會有塞住喉嚨的危險呢！」
你說不是嗎？
——古羅馬詩人 塞內加

對方的一點點小缺失若你無法裝作沒看見，
那麼友情就無法天長地久了。
——法國道德學家 拉・布琉伊爾

再怎麼富有的人，
或多或少都有求於人；
任何貧困的人，
或多或少對他的同胞也有貢獻。
別人來求你幫助時，
你一定要誠懇的接受，
這是為人的基本原則。
——教皇雷奧十三世

縱然努力地付出善意、心力和關懷，
也尚未能夠稱為是真正的友誼。
朋友並非如世間所說的僅是和諧地相處，
而應以一種優美的情操來相處。
因為即使是鄰居也會關心我們的生活起居，
所以你要記住「朋友之交，貴在相知」。
——古希臘政治　索倫

不要和那種對他人的宏願嗤之以鼻的人來往，
因為他們往往是個小人。
若和真正稱得上大人物的人會面時，
會有一種奇妙的感覺，
彷彿你也成為大人物了。

——美國作家　馬克・吐溫

父親告訴孩子的話，
雖然一般人聽不到；
但是他的子孫卻聽得到。

——德國哲學家　里斯塔

一點都不狂妄的天才，
是絕對不存在的。

——亞里斯多德

所謂親密的朋友即是能夠開誠布公、暢所欲言的人，
在他的面前你可以推心置腹說出心中話。
好不容易才能遇到真誠無偽的人。
他甚至能夠完全地捨棄人們身上所穿的最後一件內衣，
——偽善、機巧。
因此，兩個人可以如兩個分子產生化學變化而結合那般，
變成單純的一個個體。
所謂坦率地交談，是不需看對方的臉色講話，
也不需迎合對方，即能侃侃而談。
任何人獨處時，內心都不會說謊；
若是那兒多了一個人進來，偽善即開始產生。
若別人想要接近自己，就會拿一些恭維的話來逢迎我們，
我們可以用謙虛而毫不在意的話打發過去。
將自己的真意加以蒙蔽，對所有的人都客客氣氣的應付。
而且要時時稱讚他人。

因為名聲、才能、宗教、人道主義等充塞於人們的心中，
如果我們對此表示懷疑，
就會阻礙了彼此的交際。
可是遇到了一個心理健全的朋友時，
我的權謀術策就會自動收斂，而自然地流露出熱誠。
到那時，我不必打躬作揖浪費唇舌來討好人，
而盡量的享受交友的樂趣，
因此，「友誼」是自然界中一種矛盾而奧妙的情感。
世界上沒有和我完全一模一樣的人，
所以在我的面前，
儘管坐著一些如我一般操守高潔、性格多重，
而且有些孤僻的人，
但是他們的面貌形態，絕對與我迥然不同。
因此，「朋友」可說是自然界的傑作。

——美國思想家　愛默生

愛不是彼此凝視著對方，
而是兩人都往同一方向凝視。
——法國小說家 桑塔・裘佩莉

成功只有兩條路。
一條是自己本身的勤勉，另一條是別人的愚蠢。
——拉布魯耶

我們非常關心自己的健康；
其次，
我們會儲蓄錢財，
建造堅固的房子，
穿著溫暖華麗的衣裳，
可是我們最尊貴的「朋友」卻教人忽略了。
——美國思想家 愛默生

在缺乏自由的地方無法獲得真正的友情。
因為友情熱愛自由的空氣，
絕對不要把它推到狹隘、陰暗的空間裡去。
——英國宗教家 威廉・潘

你談話的對象，
他對他自己的事情比對你的事情的興趣要高出一百倍。
縱然中國發生餓死一百萬人之大飢荒，
但對個人而言，
自己的牙痛才是更重要的椎心刺痛。
頸子長出腫瘡，
遠比美國發生四十次地震更教人關心。
與人交談時，
請好好地考慮這種現象吧！
——戴爾・卡內基

友情是化解悲傷之通路；
友情可柔化激情，
是受壓抑的感情之排泄管道，
是災難發生時之避難所，
能帶給我們開朗的心，
能代替我們傳達思想，
幫助我們達成心願，
改善我們不滿意之處。
——英國宗教家　傑勒米・帖拉

年輕時代的朋友固然很好，
邁入老年以後的朋友則更值得珍惜。
年輕時，認為有朋友乃是理所當然，
而到了老年，才會領略擁有朋友之深層的意味所在。
——挪威作曲家　愛德華・葛力克

人生是學校。
在那裡，與成功比起來，失敗是更優秀的教師。
——格拉那茲基

天下只有一個方法可以叫任何人做任何事，
你曾想過嗎？是的，僅只一個方法，
那就是讓別人自己甘心去做。
記住了，再沒有別的方法。
當然你可以用槍抵著某人的胸口讓他把金錶給你，
用威嚇也能強迫你的工人替你做工，
你也能用打罵恫嚇使小孩依你的意思行動，
但這些生硬的方法只能引起不良的反應。
記住，你能使人為你做事的方法，
只有一個，那就是——給人他所樂意接受的。
——戴爾・卡內基

多給一點關注，
就可以給整個世界一點幸福。
如果看見孤伶伶的人或者意志消沉的人，
那麼請當場給他兩三句溫柔的話吧！
或許到了第二天，
自己就會忘記這件事！
但受到你親切相待的人，
也許將你所說的話刻骨銘心，
一輩子都不忘記！
——戴爾・卡內基

不論與何種女性結為連理，
我總會努力使她幸福。
假如這種努力失敗了，
我的內心將會很難過的。
——美國總統　林肯

每個人或多或少都有一些缺點，
因此絕不可能有完美無缺的人。
我們總是忽略自己的缺點、關愛自己，
這種寬容的態度也應該拿來對待朋友才對。

——比利時　耶洛斯當

首先稱讚對方的優點，
然後再慢慢道出他的缺點，
如此效果會來得好一些。
把這個方法用到公司、工廠或家庭，
都能收到效果。
不管是對妻子、對小孩、對雙親、
甚至對全世界的人，
都是讓人聽得進去的。

——戴爾・卡內基

想博得對方歡欣的最佳方法，
即將他所說過的話，再重述一遍。
——美國作家　馬克・吐溫

亞當並非想要吃蘋果，
而是因為被禁止吃才吃的。
——美國作家　馬克・吐溫

不可將愛和溫情祕密地收藏在珠寶箱中，
直到朋友臨死時才拿出來。
打開蓋子給朋友的人生充滿著甜美吧！
在他的耳朵可以聽得見、
心臟可以感動之際，
用快樂、開朗的言語和他說話吧！
——美國牧師　亨利・沃特・理查

友情可增進幸福，化解悲傷。
這是因為友情可使喜悅加倍，
而將悲傷化為兩半之緣故。
——法國作家 喬治桑

如果與人爭辯後，
不想留有永生懊悔的話，
無論你是否有理，
也無論你是否有興趣，
總要洗耳恭聽對方的意見。
與人相交時，
不要忘了這句話——
「人並非理性的動物，
容易為感情所激動，
又是充滿了偏見和自尊的動物。」
——戴爾・卡內基

一個家庭裏能夠以愛心為主人，
以友情為訪客，
則這個家庭就可以稱得上「快樂家庭」了。
因為唯有這樣的家庭才是疲倦的身心休憩的地方。
——美國教育家　亨利・凡代克

年事漸高而無法得到新的朋友，
則必定會被孤獨困擾一生。
必須記住友情之維護乃是不可怠慢的。
非常冷淡地對待朋友，
一句體貼的話也不說，
這種人就是扼殺友情的人，
就是把人生旅途中若干無價的慰藉，
親手捨棄掉之傻瓜。
——英國詩人　撒彌爾・詹森

如果你有「友情是很短暫的，將來也可能得不到結果」的看法，這是你沒有真正把友情當作一回事。

友情之道和自然法則、道德原理是如出一轍的，並且是偉大而永恆的。

可是平凡的我們，急於陶醉在友情的甘甜裏，因而只能對友情盡一點微薄的心意而已。

但是友情必須經歷長年累月的細心培養，才能得到華美的果實。

我們不但不細心呵護友情，反而任意加以摧毀。

事實上，真正的友誼，並非如同玻璃絲襪或窗櫺上的霜一樣的短暫，而應是世界上最堅固的東西。

友情應該用最嚴肅、最樸素的態度對待。

友情好比晴空的太陽，好比珍貴的禮物，又好比在鄉間漫步一樣溫暖、充實你的心靈。

朋友交往，彼此要在人生的要求與立場上建立威信，更必須以勇氣和智慧相能結合來磨練我們的人生。

友情絕不可以落入平凡的形態裏，要儘量發揮我們活活潑潑的創造力，使我們的人生富於色彩與理想。

——美國思想家　愛默生

友情就像葡萄酒一般，
剛剛釀好時嘗起來味道尋常；
但經過長年累月變為陳年老酒時，
就可使人恢復元氣、返老還童了。
——美國總統　傑弗遜

將教育子女的責任也全推給妻子，
則無論是誰都將蒙受其害，
這種傷害最後都會報應到你的身上。
因為你原可把教育孩子當做一種激勵自己的方式，
它能幫助自己成長。
而今卻推託給妻子承擔，就等於將機會拋棄一樣。
——法國教育家　阿休里・蒙塔基

其重要性僅次於選擇丈夫者，大概是結婚後之禮儀吧！
僅在客人來訪時禮貌周到，
客人一走便對丈夫咆哮相向的女人，
是任何男人都無法忍受的。

——法國作家　伍爾塔・達洛休夫人

我的最大希望，乃最終目的，
無非是想建立一個幸福美滿的家庭。
幸福的家庭是所有事業努力的目標，
由此可以刺激所有希望的實現。

——英國詩人　撒彌爾・詹森

婚姻生活觸礁時，
便要將他（她）的長處及自己的短處，
列個表格比較一下，也許可以使你的人生得到轉機。

——戴爾・卡內基

聽到小孩子的願望後不可以笑他。
對於小孩子而言，
你的笑大都含有嘲笑之意味。
而沒有任何事物會比嘲笑還要教人痛苦的。
當孩子說出連本身都不大明白的願望時，
雙親所應當做之事，
乃是針對這個願望，
將你所有的觀點一一的告訴他，
然後儘可能地建議他要如何去達成這個目標。
最後，勸他放手去做。
而最重要的是孩子自己能夠做到的事，
千萬不要替他做，
我們不能剝奪孩子自己奮鬥成功之特權和喜悅。
——戴爾・卡內基

假如你將愛護小孩的感情移到庭院的草木上，
現在庭院中的雜草，將來便成了一片叢林了。
——法國女作家 露沙・巴巴克

美國的前途，全都託付在家庭和學校的手上。
因為小孩不論變好或變壞，完全繫於他所受的教育，
因此我們必須好好地注意到底要如何教導小孩，
並徹底了解他們的世界，是為當務之急。
——美國哲學家 亞當斯

若這世上有真正的幸福，
那大概要在愛與信賴與日俱增的家庭中才可發現吧！
在那兒，人生的必需品不須從激烈的對立中即可得到；
至於奢侈則必須在慎重地考慮後才花用。
——英國科學家 牛頓

當你叱責小孩之時，
在盛怒下掌摑他的臉頰，
這種羞恥恐怕他一輩子也忘不掉。
因此，絕對不可無情的責打小孩。
——英國文學家 蕭伯納

若是某處有個女人甘心為我牽掛、
為我準備晚餐、等待我的歸來的話，
我願捨棄我的才能和寫作。
——俄國作家 伊凡

為了家庭而儲存的金錢，
要能做最好的運用；
那麼，即使妻子衣著普通，
丈夫也會喜歡。反之亦然。
——英國詩人 撒彌爾・詹森

不要以嚴峻暴力來教導青少年，
要依照他們的興趣加以指導，
青少年便能了解自己的性向所在。

——古希臘哲學家　柏拉圖

我們要捨棄「是自己，不是別人」的念頭，
要以別人之眼來觀察事物，
要以別人之耳來聽斷事物。
不斷的吸收，也不斷的給予，
於是大地、海洋、天空和包羅在此的一切，
都可以凝縮為一體。
我們隨時要有犧牲的決心，
並且放棄自己的個性，加倍的奉獻，這就是愛！

——德國哲學家　歌德

不必花錢尋找快樂的人，才是世上最富有的人。

——梭羅

家中所交換的笑臉是最愉快的了，
因為那是一種彼此信賴的表徵。

——英國神學家　約翰・契布爾

愛情具有抵抗所有的暴力摧殘之力量，
但卻受不了像北極冰山那樣長期的冷漠。

——英國政治家　史考特爵士

在夫婦之間絕對不可用，
「這是我的東西，那是你的東西」這樣莫名其妙之區別。
因為所有的法律問題或訴訟問題或世界大戰皆因之而起。

——英國宗教家　傑勒米・帖拉

婚姻之所以會發生裂痕，
最初都是由疏於小小的關懷促成的。
婚姻的幸福是很微妙的，切不可粗枝大葉的應付。
它也像一種很敏感的植物，
若沒有以憐惜之心多加照顧，便可能傷害它。
不聞不問，終至造成隔閡，
如果再疑神疑鬼，它就要宣告破裂了。
要使婚姻開出幸福的花朵，
要不斷的對它灌注體貼入微的愛情。
只要有溫馨、憐惜的光輝照耀，
就會展開一片繽紛多彩、花團錦簇的欣欣景象來。
有了如銅牆鐵壁般的「信賴」加以拱衛，
在這種情況下成長的婚姻，無論在人生的哪一個階段，
綻開的花朵都是芳香撲鼻的，
即使到了寂寞的老年，也是無限的甜美。

——英國宗教家　湯瑪斯・史布拉特

「第四部　樂在工作的名言」

一般來說，勤奮的人，
並非個個都是天才。
很多天才手中做不到的事，
卻在勤奮的人手中完成了。
——美國牧師　亨利・沃特・理查

如果你勤勉的話，
無聊、粗暴和貧窮這三個惡棍就跟你無緣了。
——法國文學家　伏爾泰

人生始具有其生存意義。
若對將來絲毫沒有不安的感覺，
我相信就不會有一個人肯努力，
人類便要因而滅絕了。
——美國總統　艾森豪

在一天當中，
我不知何種工作最為辛苦，
因為做任何事情，
我都是其樂融融。
——美國科學家　愛迪生

若對過去的一切錯誤無法釋懷，
人生就要變成地獄了。
現在只要你稍作努力，
事情總會有轉機的。
可是，你往往糟蹋良機，
原本可以達成的事情，你也不去做。
「我來不及做！」——如果你還這樣對我說，
那麼，你的人生真是個地獄了
——英國作家　約翰・卡羅

為開拓一片更好的世界，
而全力以赴時，
大事優先處理，
小事便自然而然的解決了。
——戴爾・卡內基

只要改變看法，
任何事情都會覺得趣味盎然。
如果對工作全力以赴，
公司蒙受其利，
也容易受到上司賞識，
我們每天起床後有一半時間都在工作，
如果你對任何事情都興趣缺缺，
那麼人生是何等乏味！
能樂在工作而忘掉一切煩惱，
或許更能促使你實現晉級、加薪的美夢。
不論如何——
至少，已能將你身心的疲勞減到最低限度了。
——戴爾・卡內基

每天必須做一件略為超出自己能力的工作。
——美國文學家　湯瑪斯

能夠忍耐的人，
就能得到他想要的東西。
——富蘭克林

做為一個成功者的首要條件，
即每天趣味盎然地努力工作，不虛度光陰。
——英國科學家　威廉・菲力普

一心想賺大錢的人，
絕不可能成功，
他必須先立大志。
事業上成功的祕訣非常簡單，
只要不斷的努力做好事情，
遵守「商業法則」，
頭腦清晰，成功就指日可待了。
——美國實業家　洛克菲勒

善是什麼？即餘味美好。
惡是什麼？即餘味不佳。
——海明威

不僅不關心做事，而且很討厭做事的人，
不如乾脆什麼事都不做，
而坐在廟門口，
等著接受喜歡做事的人的施捨吧！
——敘利亞詩人　紀伯倫

我從來沒有見過工作過度的人。
我的信念就是要拚命的工作，
要長時間的工作。
因為沒有一個人會為了工作過度而傷害身體的。
杞人憂天或不自量力地胡亂消耗體力，才會積勞成疾。
——美國政治家　查爾斯・艾文生

我最佩服的是對有意義的工作，
赴湯蹈火在所不辭的人。
不論你、我的社會地位如何，
不肯出力做事的人，實在是很可悲的。
——美國總統　羅斯福

在庭院裏揮鋤耕作時，
會使得精神抖擻、身體健朗。
因此，若將自己應做的事情，
都推給別人去做，是多麼愚蠢啊！
——美國思想家　愛默生

並不是我們受騙，而是我們欺騙了自己。
——歌德

做合適的工作，
就如同一棵結了很多果子的果樹，
綻放美麗的花朵。
如果你能由衷的助人，
對人體貼，非但內心會感到充實、安定，
也可使自己充滿活力與快樂。
——英國批評家　約翰・羅金斯

勤奮是返老還童的仙丹靈藥。
因此，最忙碌的人也就是最幸福的人。
不管從事哪一種行業，
若要出人頭地，便只有不斷的埋首苦幹，
絕不可有「滿足現狀」的心理，
如果你認為辛苦多年，如此也就足夠，
那麼你就要開始墮落了。
——英國詩人　塞渥得・馬丁爵士

天才是由一分的靈感九十九分的汗水造成的。

——美國思想家　愛默生

工作很順利的完成時——

換句話說，也就是找對門路之時，

「按部就班處理工作，就會做得好。」

假如隨時都能有這種工作態度，

就好像在健康的日子裏還有假期，

對我來說，每當工作進行順利時，

在我的腦海裏就會浮現輕鬆愉快的景象。

——美國思想家　愛默生

所有偉大的事業，

在開始時都被認為是不可能的事情。

——英國歷史學家　湯瑪斯・卡萊爾

我至今才領悟，幸福是勤奮的報酬。
如果僅在心中浮現「這是一件好事情」，
就認為得到幸福了，實在是大錯特錯。
你不願力行一下這件好事情，幸福女神自然不會來造訪你。
若要博得幸福女神的垂愛，只有賣力工作、奉獻自己、竭智盡忠：
拚命的工作，實在是一件好事，因為這樣一來，就無暇胡思亂想，
我曾多次默默從事長期性的工作，腦海裏所想的是如何繼續工作——
把鋤頭鋤下去，再從地面上舉起來，不要碰到頭，然後再鋤下去。
不過有時（**多半在不知疲倦的上午**），
突然感覺——全世界就在我的周圍，
拓展開來，那是一種無可言喻的幸福。
真正的滿足，或許就是指這種狀態吧。

——美國出版家　大衛・格列森

據我多年的經驗得知，
成功者在別人浪費時間時，
他仍是在向前邁進。
——美國實業家　亨利・福特

你是否做過最喜歡的工作？
如果還沒有的話，
現在就應該趕快著手。
倘若你不喜歡自己的工作，
就無法指望真正的成功。
有許多成功的人，
都是在嘗過數次失敗以後，
才找到自己想做的事。
——戴爾・卡內基

一生學以致用的人，
定能事業有成，人生也必然幸福圓滿。
有些人儘管學些艱深而不切實際的東西，
而且要花費大半生的時間重新學習，
方能勉強獲得少許成果。
——美國心理學家 威廉・詹姆斯

人非生而為偉人，
只有勤奮工作，始能成為偉人。
即使是一個名不見經傳的小人物，
只要經常努力向上，
必能得到進步的喜悅。

「進步」好像時鐘的時針，
走一小時就向前推進一格，
但因為它走得慢，以致常被人忽略。
——英國畫家 喬治・雷爾諾斯

不論做任何事情，我都絕不畏縮，
因為，為了要有價值的工作，必須具備三個條件：
第一、勤勉。
第二、努力。
第三、嘗試。
——美國思想家　愛默生

年輕人不必為自己所受的教育成果感到煩惱，
假如你始終是努力用功的話，
以後就照這方法去進行，
便不會再有煩惱了。
而且，不論你選擇哪門學問，
只要孜孜矻矻，努力不懈，
終可成為同儕間的佼佼者。
——美國心理學家　威廉・詹姆斯

我的事業之所以稱得上成功，
是由於不分任何場合，
我必定早十五分鐘到達的緣故。

——英國將軍 納爾遜

如果你覺得人生無聊時，
就要找一件自己認為有價值的事情去做。
而且你要以「這件工作對我頗有意義，
即使為之而死，亦了無遺憾。」的觀念去從事，
那麼夢樣的幸福人生，
便會來造訪了。

——戴爾・卡內基

有三個最值得信賴的朋友——老妻、老狗和存款。

——富蘭克林

當你遭遇不幸，
心慌意亂，意志頹喪的時候，
只要找到一件事情，
手腦並用，專心一致去做，
必定可以讓你心情開朗。
這個辦法，我屢試不爽。
「勤奮是最好的良藥。」
——這是我最深切的感言。
五十年前，父親對我說過一些話，
這些話一直是我的座右銘。
當我正在布達佩斯大學攻讀法律學系，
有一次運氣不好，
一門功課考砸了，覺得很丟人，
便藉酒澆愁，自甘墮落。
就在此時，父親來了。

他真不愧是個名醫，一眼就看出我的心事，
而且也察覺了藏在壁櫥後的酒瓶。
我只好坦白供出逃避現實的理由。
這個有愛心的老人立刻為我對症下藥。
他說：「不管是酒也好，安眠藥也罷，或是其他的藥品，
這些都無法使你真正的避開現實。
根治煩惱的藥物，在這世上只有一種，
而且是最有效、最安全的，這個藥名就叫『勤勉』。」
父親的話，一點也沒錯，
最初我不太習慣這帖藥劑，
久而久之，便習以為常了。
勤奮就像是一帖麻醉藥，會使人上癮的，
一旦養成習慣，便再也不會放棄了。
我喜歡勤奮的習慣，五十年來始終沒有間斷過。

——匈牙利作家 菲連克・莫納爾

一旦著手工作，
則不達到目的絕不終止。
——英國文學家　莎士比亞

除了自由的身體以外，
連想像力都付諸闕如的人，
最容易被「無聊」俘虜。
——英國牧師　瑞夫・巴頓・佩里

只要這工作是必須做的，
你就要感謝神。
不管做任何事情，都能盡力而為，
才能有自制力、堅強的意志和滿足感，
也才能具備懶惰的人所想像不到的許多美德。
——英國博愛主義者　查爾斯・欽古斯里

一般來說，勤奮的人，
並非個個都是天才。
很多天才手中做不到的事，
卻在勤奮的人手中完成了。
——美國牧師 亨利・沃特・理查

不論是男人或是女人，
為了生活不得不早出晚歸的工作，
我並不認為他們辛勤工作是可憐的。
反而，對於那些游手好閒、漫無目標的人，
寄予無限的同情，
因為在年輕時，
倘若找不著可以畢生從事的工作，
這實在是人生的一大悲劇。
——戴爾・卡內基

所謂「天才」是不懈的努力所累積成的。
成敗之間，僅有一線之隔。
一疏忽，往往就在不知不覺中跨越那一道線，
亦即很多人都是中途而廢，吞志以沒。
其實落潮乃是漲潮的預告，
工作轉趨明朗圓滿之前，
總是黝暗深沉的，看來好似絕望了，
然而只要你稍加努力，再跨進一步，
也許就可獲得輝煌的成果：
只要你不洩氣，絕對不會失敗的。
除了內心所產生的敗北之外，
絕沒有敗北的存在；
除了與生俱來的膽怯外，
也沒有無法超越的障礙。
——美國教育家　愛德華・哈法德

勤勉是幸運之母。
神賜給勤勉的人一切東西、
即使在懶人睡覺的時候，
你也得到田裏去耕作。
如此，你便可獲得更多意想不到的成果了。
——美國科學家　班傑明・富蘭克林

許多人說：「天才是不值一文的。」
只靠教育，也是不行的。
天地間有教養，有才能的人，比比皆是，
所以要戰勝逆境，超越群倫，
只有用努力和決斷力才能奏效。
「努力」，是過去人類解決問題的工具，
也是將來解決問題的工具。
——美國教育家　卡爾遜

把將來的遠大理想放在我的判斷力裏，
用活力來調味，
如此，便能烹出一道「成功的菜」來。
——戴爾・卡內基

越有地位的人，越不能偷懶，
而且要更加賣力才行。
雖然任重道遠，終究會達到預定的目標。
——戴爾・卡內基

成功者的必備條件很多。
如：健康的身體、活力、耐力、辨別力、熱誠和才能。
還有一項最重要的條件沒有它，則一切都無效。
最重要的條件即是——勤勉！
——戴爾・卡內基

當你在實行一個大計劃時，
旁邊有人胡亂多嘴，
你也不要太在乎他。
有些人儘管說：「這個行不通！」
我卻認為唯有在此時，才是發奮的最好時機。
——美國總統 柯立茲

我曾被一般人稱為「天才」。
我的「天才」是這麼來的，
有什麼事情，我總要鍥而不捨地直到研究透徹為止，
且從每一個角度來研判，
並全神貫注在一件事上面，
如此得來的成果，
就被人稱為「天才的事物」了。
對我而言，這不過是勤勞與思考的結果。
——美國政治家 亞歷山大・漢彌頓

早睡早起、勤勉、有分寸、
不浪費金錢、行為正直的人，
絕不會遭到噩運的。
有好的人格，有好的習慣，
有鋼鐵般的意志及勤奮努力的，
即使遭到意想不到的噩運時，
他也不會退縮的。
——法國詩人　喬治桑

成就偉大的目標與工作時，
只有兩個要件——體力和耐力。
體力是人人具有的，
即使是虛弱的人也能達成他的目標。
耐力是一種無形的力量，
時間越長，越顯出他力量的強韌。
——德國文學家　歌德

成功與否？
非基於你的能力，而基於你的熱情。
只有全心全意去做自己工作的人，才是勝利者。
——美國教育家 查爾斯・巴斯特

活得越久，越能相信所謂的強者與弱者、
大人物與小人物的分野，
這都是深藏在個人身上的「潛能」。
換句話說，
即是無論遇到何事都絕不後悔的強韌決斷力，
以及一旦決定後就抱定「不成功、便成仁」的決心。
只有肯這樣用功，就沒有什麼不可能的事。
反之，如果沒有此種功夫，
即使環境再好，才能再高，機會再佳，
人類也不過是上帝的創造物而已。
——英國政治家 湯瑪斯・巴斯頓爵士

世界上很多偉大的事業都是在瀕臨絕望時，
仍然努力不懈才做成的。

——戴爾・卡內基

「僅憑一剎那的靈感便可以解決事情」，
這種想法極可能毀滅了許多前途有望的年輕人。
到達靈感（inspiration）的道路，
就是準備（preparation）。
不努力的人，即使具有器量、才能，
也會招致失敗的命運，
這種例子真是屢見不鮮。
例如：你若要使演講成功，
便要具備良好的技巧——先控制你所要說的話題。

——英國政治家　羅德・喬治

愛睡覺的人，睡了一個下午，
到晚上還有許多工作沒做完，
倒不是工作逼迫他，而是他怠惰的緣故。
懶惰的人，腳步因為遲緩，
所以，總是擺脫不掉貧窮的追趕。
——美國科學家　班傑明・富蘭克林

完成偉大的事業，
不是靠體力，而是靠耐力。
打起精神，每天步行三小時，
七年後，就相當環遊地球一周了。
——英國詩人　撒彌爾・詹森

首先要確定計劃，然後再徹底的實行，
不可稍感厭煩就鬆懈了實行的決心。
——英國文學家　莎士比亞

年輕時的誤謬沒有關係，只是不要拖延到老年。

——歌德

遇到困難要不氣餒、堅持到底、絕不中斷，
有了上述這三種決心，
你大概可望成為一個成功的人了。
或許有時你也會意志消沉，
但你必須超越它，做到了，
那麼，世界就是你的。

——戴爾·卡內基

不計報酬的工作，
往往可以從工作中得到更多超乎預料的報酬。

——美國教育家　耶爾·哈法德

我們以驚嘆的眼光來看人類完成的大工程，
這都是由於耐力和努力得來的結果。
如此可以使得採石場的石頭堆積如山，
兩個相隔很遠的國家可用運河來連接。
假如你將開工時所見的一砂一石的印象
和金字塔的情景相比較，
其間天壤之別的變化，
的確會令人大吃一驚的。
由此可見，當時各種微不足道的作業過程，
日積月累，便可完成一個艱鉅雄偉的浩大工程。

——英國詩人 撒彌爾・詹森

「第五部　完美自己的名言」

如果在我五十年的人生經驗裏，
曾經學到一點東西的話，
就是「能使自己得到幸福的，唯有自己。」之教訓。
——戴爾・卡內基

不在乎褒貶者，
必能心安理得。
——德國作家　湯馬斯

賦予我們較自由還要更大的自由，
就是給我們能憑著良心，
去知、去說、去討論的自由。
——英國詩人　約翰·彌爾頓

凡認為是對的事，
你就放心去做吧。
無論如何，總會有人批評你的。
而且，是否從事你原本想做的事，
都不免要遭人非議的。
——美國人道主義　愛麗娜·羅斯福

一己的虛偽，
足以累倒世上的人們。
——英國作家　安・休德拔克

以自己的能力和見解所獲得的成就，
可以一掃所有的空想，而獲得滿足。
除此之外，再也沒有其他事物可以得到滿足之感了。
——英國哲學家　湯馬斯・赫胥黎

十個人的看法都一致，
仍不能算是上上之策。
如果每個人的意見都相同的話，
就不會有賽馬的設立了。
——美國作家　馬克・吐溫

認清自己所有的優點和缺點吧！
如此，你就不會因為甜言蜜語而誤事了，
而且能將甜言蜜語變為謙遜的勸誡，
變為人生的指標。
因為凡是花言巧語的人所稱道的地方，
正是你隱藏最大缺點的地方。
——英國詩人　馬丁・塔帕

儘管你處心積慮的模仿別人，
亦將一無所得。
因為你是一個「新人」，
過去的世界上絕沒有和你一模一樣的人，
即使翻遍所有的歷史，
也不可能發現和你完全相像的人。
——戴爾・卡內基

利用獨樹一幟的你，
也聽從阿爾溫格・巴林給喬治・卡爾遜的忠告去做吧！
他倆初次相逢的時候，
巴林已經是名聞遐邇的作曲家，
可是卡爾遜還在潦倒的藝術家堆裏打滾，
每週只勉強賺到三十五美元。
巴林非常欣賞卡爾遜的才華，
便提議：「你來做我的祕書，
我給你多於現在的三倍薪水。」
可是他馬上接著說：
「不過你還是不要接受我的工作比較好，
因為如果你做了我的祕書，了不起做個巴林第二，
但是如果你保持你的個性，
相信有一天你會成為第一流的卡爾遜。」

——戴爾・卡內基

未得到名聲之前，
你就不會相信名聲的存在。
身體要經常保持潔淨，
使自己看來神采奕奕。
如果不擦亮你的靈魂之窗，
你就無法看清世上的一切。
——英國文學家 蕭伯納

相信自己以後，
對於其他的事情，
也自然而然產生信心了。
——法國道德學家 拉・羅休弗克

知道進退的人，
無論是誰都會讓道予他的。
——法國思想家 戴比特・喬雷

一個迷路的人，
他應想著：「我並不是迷了路，也不是發了瘋，
而是下定決心在這裏停留下去。
我還是暫時住在這裏吧！
就像這是個長年習慣了的地方，
再也無法離開了。」
這樣，便能袪除許多恐懼和危險了。
靠自己雙腳站立的人絕不孤獨。
誰都不知道我們所站立的地球
向著宇宙的哪一個方向轉動，
但是卻也沒有一個人以為他在大宇宙裏迷了路，
而放心地隨著地球運行。

——法國作家　亨利・大衛・索倫

如果在我五十年的人生經驗裏，
曾經學到一點東西的話，
就是「能使自己得到幸福的，唯有自己。」之教訓。
——戴爾・卡內基

順著世俗的觀念去生活，是很容易。
依自己的想法過著孤獨的生活，也是很容易的。
而真正不容易的是在群居生活當中，
也能識得獨立真味。

我有一位朋友，素不喜逢迎之事，
是個一板一眼、方方正正的君子，
即使別人嘲笑他，他也能夠容忍。
他認為一旦時機來到，佳名美譽自然可以得到。
因此他不動聲色，過著我行我素的生活。
——美國思想家　愛默生

要對自己有信心，要接受神給予你的世界，
要和同一時代的人一起奮鬥，
要承擔你自己所闖出來的意外事件。
偉大的人都必須有這層認識。
要像幼兒一樣純真無邪，要趕上時代的潮流。
在自己的內心裏，
要相信在這世界上沒有無法完成的事情，
要用自己的手努力工作，凡是偉大的人都有這種信念。
現在我們在精神上已經是個成人了，
須誠心誠意接受偉大的、超然的神的旨意，
如此你就不會變成受人保護的殘障者和小人了，
你也不會在革命之前變成臨陣逃脫的膽小鬼了。
你要成為領導者、改革者、後援者，
聽從萬能的神的指示，就可以向混沌和黑暗勇往邁進了。
——美國思想家　愛默生

與其做個總統，
不如有人承認我的想法是正確的，
那更能令我喜悅。
——美國政治家 亨利・克雷

如果你認為人生是各種突如其來的事件之組合，
那麼你就錯了。
在人的頭腦裏會不斷的產生如暴風般突如其來的想法，
因此，才有了人生。
——美國作家 馬克・吐溫

假如你的心裏有煩惱時，
不要去聽人間嘈雜的合唱，
你只能傾聽自己心靈的聲音告訴你的事。
——戴爾・卡內基

你要選擇正道而行，
不論人家喜不喜歡，
你都要去做。
——美國作家 馬克‧吐溫

依照自己的身材做的衣裳最貼身了，
照著別人的尺寸來做的衣裳，絕不可能合適的。
——美國作家 愛德華‧懷伯

我們為什麼要趕在別人前面呢？
為什麼要如此行色匆匆呢？
和別人的步調不一致，
也許就無法與進行曲的節拍相配合了。
不論是何種旋律，也不論是在多麼遙遠的地方演奏，
只要停留在能聽到自己所喜歡的音樂的地方就可以了。
——美國思想家 梭羅

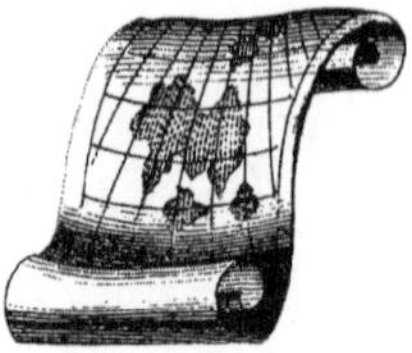

使自己沉緬於夢想中，
而覺得快樂的人，
或是將所有的事物都看得透徹，
依信念和希望做事的人，
以及天上的星星一直照顧著他、守護著他，
而他的心靈也並未被世俗所污染的人——
都是幸福的人。
——英國哲學家　湯馬斯・赫胥黎

要想得到內心的安詳，別無他途，
唯有獲取真正的判斷價值，才能達成，
這是我的一貫信念。
如果你也能建立屬於自己的金科玉律，
所有的煩惱將可減去一半。
這種「金科玉律」，便是具有人生價值判斷的測定基準。
——戴爾・卡內基

瀕於危機時，
有骨氣的人會堅守自己據點，
他能自己發出作戰的命令，
自己擔任指揮；
有骨氣的人，不畏艱難，抱定決心，
便可看清自己的本色了。
——法國總統　戴高樂

「你要有自知之明」，
這句話的確給予我們很大的警惕。
不論研究何種學問或道理都是一樣的，
一定要親身體驗以挖掘問題之所在，
就好像安置在門上的門栓一樣，
如果沒有去探觸，
就無從知道是否上鎖。
——法國哲學家　帖紐

先找出最適合你的方式，
然後照此方式去做應該做的事。
——戴爾・卡內基

如果每封寄來攻擊我的信，
我都要親自過目，並且還要回信，
那麼我寧可把事務所關閉而去做別的事情。
對於任何事情，我都想盡力做好，
並且在神審判的日子到之前，
我願意繼續努力的做下去。
倘若結果我是正確的，
那些寫來攻擊我的信，就毫無意義了。
萬一結果是錯誤的，
那也有體諒我的天使會替我辯護的。
何患之有？
——美國總統　林肯

每個人都有自己尚未發覺的潛在能力。
無論是誰，到了千鈞一髮之際，
即使從前認為極不可能的事，
也會迎刃而解的。
——戴爾・卡內基

明天所說的和今天所說即使完全矛盾也無所謂。
人們定會說，「如此一來，必定會引起誤會。」
可是，引起誤會真有那麼嚴重嗎？
畢達哥拉斯，就曾經被人誤會過，
還有蘇格拉底、耶穌基督、馬丁路德、
哥白尼、伽利略、牛頓等人都不例外。
古今所有純潔而賢明的靈魂都曾被人誤會過，
偉人經常是被人誤解的。
——美國思想家　愛默生

等到我功成身退之時，
即使失去世界上大半的朋友，
也要盡量留下一個能談心、能支持我的朋友。
——美國總統 林肯

對不值得一提的事，
你仍興致勃勃的高談闊論，
那將來絕對是無法成大器的。
——美國總統 林肯

只要依據自己的責任感與信念去行動，
別人惡意的批評我都不在乎。
因為這些話與其說對我有害，
不如說對我有益。
——英國首相 邱吉爾

現在我們的處境正與你們相同。
因為無知，所以才會在貧窮和悲慘中掙扎著。
現在有一件很重要的事情；
如果你不能成功的突破現狀時，
便要從亙古以來人類所得到的經驗去學習如何度過難關。
無論你在任何環境中亦不可畏縮。
如果無法拯救現在所處的「世界」；
將來的任何「世界」你亦無能為力了。
人生最重要的關鍵，不在於環境之良好，
而在於每天用什麼方式去生活，
追求的理想是什麼。
一言蔽之，這就是你我的品格問題。
有一句阿拉名言道出了這個真理：
「現在你所住的地方，就是你的世界。」

——美國女教育家　海倫・凱勒

人類終日在思索著事物，這就是人生。

——美國思想家 愛默生

今後：你應該如何處世呢？
惟有接受現實罷了。
我們在某方面具有才幹，
在某方面則可能毫無辦法。
事實上，所謂的天才是很少的，
普通人的能力都在伯仲之間，
所以任何人只要盡其所能，
便可以擁有一個豐富的人生。
而人類的心理本來就很脆弱，
在任何人的心裏，都潛伏著無比的恐懼感。
因此，正常人應該盡量抱著歡欣鼓舞的心情，
勇敢地迎向人生。

——法國女作家 喬西亞・露絲・利普曼

我們福特家族的人，
聚集在一起時，看起來都非常酷似，
但是在世界上絕沒有完全一模一樣的人。
當一個新生命誕生時，
原本就有個別的生命，不可能完全相同。
而且今後也絕對不可能變得相同。
年輕人應該牢記以下的觀念；
要撞擊出與眾不同的性格火花來，
並且要全力的去培養它。
社會與學校，只會捺熄性格的火花，
而塑造出同一模式的人；
但是，人類性格的火花絕不能被封死，
為了爭取自己的生存價值起見，這是唯一的權利！
——美國實業家　亨利・福特

享受人生的喜樂吧！
人生提供給我們愛情、工作、遊戲及遠眺星星的機會。
——美國宗教家 亨利・文黛克

只有自己心靈深處的某種觀念裏，
才蘊含著真理與生命。
人類所能完全理解的，只有這一點。

曲意逢迎他人，
無異是撿拾他人吃剩的殘羹吃，
拾取他人捨棄的衣裳穿一樣。
——德國哲學家 蕭潘・郝威爾

真正的幸福是穩健安詳的。
追求真正的幸福先要從自己所喜歡的著手，
其次，要從謹慎擇友開始。
——法國詩人 喬治桑

真正實行了自己所能做的一切，
必定會為其結果而大吃一驚。
——美國科學家　愛迪生

假如你有勇氣認錯，
則可以轉禍為福，
當你承認錯誤之後，
不僅你的朋友更加尊敬你，
你自己也會因而重新看重自己。
——戴爾・卡內基

青年時代是人生最幸福的階段，
這實在是錯誤的觀念。
最幸福的人是能深入品味人生的人。
因此，人們往往年紀越大越幸福。
——美國教育家　威廉・菲力普

獲得滿足的祕訣，
就是找出自己實力的界限來。
事實上，不論成就多麼不凡的人，
將其所佔的地位與浩瀚的宇宙比起來，
實在是小巫見大巫。
換句話說，
必須具備有實現自我的勇氣、忍耐孤獨的勇氣。
——中國幽默大師　林語堂

對於自己的缺點一味自怨自艾、自顧自憐，
都是於事無補的。
不如下定決心，
將種種可能從事的工作好好的想一想，
然後去找自己最感興趣的事來做——
發揮你最大的長處，做出最有效的工作。
——美國科學家　哈里・愛默森

你要尊重自己，絕不可模仿別人。
要將與生俱來的本能和一生蓄積下來的力量，
全部發揮出來。
當可以表現你的才能時，不可半途而廢。
因為只有神才知道每個人的資質所發揮的限度，
如果不加考驗，就連你也無法得知自己的能耐。
——美國思想家　愛默生

人們對長壽也許不會感到滿足，
有了充實的人生才會感到滿足。
——美國科學家　班傑明・富蘭克林

違背自己的良心而得到的快樂和關懷，
必定會從現實裏遠逸。
這種人生，不過是登場演了一場戲而已。
——美國作家　霍桑

高尚的善心，不論如何褻瀆它，
也絕不可能因此沾染上絲毫污點。
善人的生命，不論何時結束，都無關宏旨。
他絕不會信口雌黃，亦不可能橫遭外侮。
他不是人生的奴隸，
但對此生應盡的義務極表關心。
他既沒有罪過，也沒有引以為恥的事。
善人的生活是多麼好啊！
你看看吧！
他既保持著上天賦予的本能智能，並能知足常樂。
他的行為正直，對人也很親切。
對每一天，他都視同世界末日一樣的珍惜，
不僅孜孜不倦的工作，同時也關係著自己的命運。
這才是個道德的完人。

——古羅馬皇帝　奧雷斯

始終在喝酒的人不知味道，
始終在講話的人不會思想。
——普里歐

人為了省卻思考的麻煩，
什麼方法都用上了。
——美國科學家　愛迪生

要獲得幸福，
唯有樹立一個目標，
然後全神貫注的去達成。
同時，要把壓抑在體內的力量，
全部解放出來，方能提高希望的成分。
其實，幸福就在你心裏，
將思考和實力全部投入，就可以獲得幸福了。
——戴爾・卡內基

日已西沉，天色漸暗，這是多麼寧靜的世界啊！
造成遼闊的宇宙生存發展之力量，互相保持均衡，
在不知不覺間，逐漸擴大，這就是調和！
只有在靜寂的環境中才能衍生出來——
也就是說，這是一種很平穩的節奏，
一種最美麗的音階，而由上天為我們演奏的音樂啊！
當我們與旋律交感，不知不覺間，
便化為宇宙的一部分，我們已十分滿足了。
就在這一剎那，我就有了天地萬物與我為一體感。
這種節奏的完美調和，並非偶然形成的。
我想：宇宙一定是為了某種目的而完成的！
這種感覺超出了我們的理性。
它可以拯救絕望的人心，而將煩惱拋到九霄雲外，
宇宙是有秩序的而不是混沌的，
人類也是這秩序的一部分，
如同星星月亮一樣。

——美國探險家　理查・巴倫

人類必須要有一段娛樂的時間。
即使五分鐘也好，每天總要有一次出外去觀賞美麗的花朵，
瞻望天空的雲彩和星星，也可以朗誦自己所寫的詩篇，
和慰勞一下工作疲憊的人們。
當你接觸到美麗的神和喜悅的神之笑臉後，可以美化充實你的心靈。
假如你放棄此種權利，而儘是做些無聊的事或與朋友窮耗，
這時你就會有浪費寶貴精力之感了。
也就是說，你在無意間便將這種美感、
新鮮和不朽的事物自人生之中隔絕了。
如此，你就無法享得上蒼施予的恩澤，而自己把這些東西摒絕於外，
同時，你目之所遇、手之所觸，一切美好的東西皆積滿了灰色的塵土。
雖然說天空比大地明朗，
但是當我們徹底的品味大地之美以前，
天空對我們還是沒有多大的意義，
你必須從心底裏愛上它的美，才能為日升日落而感動。
——美國教育家　克勒

不管人間的意見是如何繁雜紛紜，
但比起我們自己的意見來仍算微乎其微。
每個人的命運皆由他個人的看法而決定。
——美國思想家 梭羅

如果春天不是一年一度，
而是百年一度的話，
它就不是悄悄地走來了，
而是伴隨一種像大地震般可以撼搖天地的音樂響起時，
在人的心中就會產生奇蹟似的變化，
而我也會對此感到驚異並寄以期待。
——美國詩人 朗費羅

有幽默感的人，就能享受人類的矛盾。
——毛姆

盡你的全力去過活吧，否則你就錯了。
無論你以何種的方式去生活，都沒有關係。
如果沒有了人生，那麼你還擁有什麼東西呢？
我現在的年紀已經太老了，
在這種年歲，對任何事都提不起興趣。
失去的一切，再也回不來了。
這些話，你應該銘記在心才對。
對於人，我們應該還存有些「自由」的幻想，
你可別像我這樣，連這點兒幻想都沒有。
我實在太笨了！也太自作聰明了！
從前可以接受人生的時候，我從未注意這些，
而今你不要重蹈我的覆轍，
照你自己所喜歡的去做就是了！
如果你不去做，這就是你的錯。
好好過活！好好過活！

——英國作家　亨利・詹姆斯

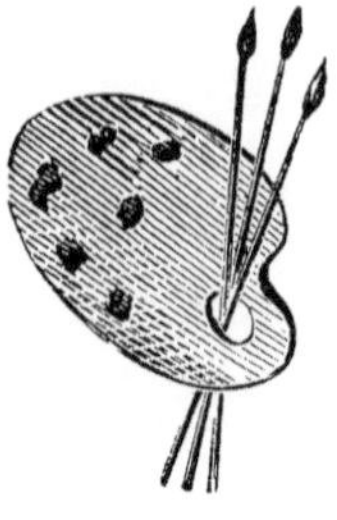

如果你認為，你現在所做的事是正當的話，
絕對不可讓其他的事物來妨礙工作。
世上很多偉大的事業，
都是由於能克服的障礙而完成的。
——戴爾・卡內基

人生就這麼一趟。
在這世上，怎麼樣過都是一生，
與其平安無事的終其一生，
還不如冒險犯難的把工作完成，
對人生，這也許是比較好的方式。
——美國總統　羅斯福

所謂最大的過錯，
就是一點兒也沒有注意到自己的缺點。
——英國史學家　湯瑪斯・卡萊爾

我一定要獻身於心目中偉大的工作。
換句話說，就是不使自己形同廢物。
所以要心無旁騖的全力發揮「自然的力量」。
假如你能感到人生真正喜悅，
就是在於專心工作的話，
你就不會說：「老天爺怎麼不給我一點幸福？」
——英國文學家　蕭伯納

每個人所具有的潛在能力，
實際應用到精神、肉體上的僅占極少數。
大致來說，人類的潛在能力遠超過我們所想像的程度。
固然你擁有多種能力，
可是，你已經養成了藏而不用的習慣了。
——美國心理學家　威廉・詹姆斯

我要盡情的享受人生。
即使住在救濟院裏，我也會歡歡喜喜，
手舞足蹈的過我快樂的一生。
夕陽的餘暉不論在富豪的大邸或救濟院的窗子上，
都會光輝燦爛的迴照著。
——美國思想家 梭羅

我把人生視如木槿花一般。
每週、每月、每年，
我總要去摘它新發的嫩芽來吃，
雖然比起其餘丟掉的部分來，
它是極其微小的，
然而卻是精華的部分。
——美國醫生兼散文家 奧利普・哈姆斯

歡喜、節制和休息，
會將醫生摒拒在門外。
——朗費羅

若要表現大智若愚的風範，
有個極簡單有效的辦法。
即是：充實你現在仍嫌缺少的見解和知識。
——美國教育家 愛德華・哈法德

請暫時停下來欣賞窗外的風景吧！
這裏有屬於你的世界。
——好好的享受吧！
今夜你可以到外面仰視星空。
它也是自然界的奇蹟啊！
——戴爾・卡內基

我愛人生。
我的人生不是一根快熄滅的蠟燭，
而是熊熊燃燒的火把。
現在我手裏拿著這支火把，
我要把它傳給下一代，
讓它繼續燃燒、繼續照耀。
——英國文學家　蕭伯納

如果你有求人幫忙的念頭時，
要先對自己說：
「這個問題，必須由我自己來解決才行。
否則，就是看不起自己。我一定要把它做好！」
於是你會立刻去尋求解決之道，
此時，你已踏出了成功的第一步了。
——戴爾・卡內基

神給你一張臉，
可是你自己重新塑造了另一張臉。
——莎士比亞

當你過於注意細節的時候，
即是一點一滴的消耗你的生命。
倘若真心做事，約莫用你的雙足，便可以做成了。
一切要簡化！簡化！再簡化！
現代的文明生活如同置身於風向不定的大海裏，
隨時有烏雲、有狂風、有流沙，
及其他難以估計的意外事故發生。
假如你浪費精力去預計的話，
便要迷失你的方向，以致無法到達目的。
若要成為一個工於計算的人，
一切都要簡化！簡化！再簡化！
——美國思想家　梭羅

對於自己的行動，不後悔、也不要過於在意，
人生就是一場實驗。
實驗的次數越多，對我們越有利。
也許你的做法稍嫌粗魯，而將上衣弄髒了、弄破了，
那該怎麼辦呢？
也許試了一、二回便仆倒在地，
那又將如何？
只要重新爬起來就好了，跌倒了又算什麼呢？
——美國思想家　愛默生

拚命的做事，
連牧場中的歌唱、森林裏的交響樂都沒有時間去聆聽。
如此，並非明智之舉。
在這世界上還有比財富更重要的東西。
享受快樂，便是其中的一種。
——戴爾・卡內基

要時常聽、時常想、時常學習，
才是人真正的生活方式。
什麼事也不抱希望，什麼事也不肯學的人，
根本就沒有生存的資格。
——英國思想家　阿薩·赫爾帕斯爵士

想要改正自己的偏見，
卻將「思想」搞錯的人特別多。
——美國心理學家　威廉·詹姆斯

工作的每一刻都有可能發生阻礙，
這些麻煩的事，
並非你在什麼「地方」的問題，
而是你要往哪個「方向」去的問題。
——英國醫生　哈姆斯

如果真理完全被籠罩了，
你想探手把它取出，是非常危險的。
這種追求真理，而充滿好奇心的人，
可能具備了完美的資質。

——哈羅・邁德納

「生存」並非僅是呼吸而已，而是一種「活動」。
所有的器官、所有的感覺、所有的機能都要用到，
如此，便可以給我們一點「生活」的感覺了。
所謂最長壽的人，並非指活得很長，
而是讓你做一個最快樂的人。
快樂的人，必須健壯長壽。
不快樂的人，徒具一副行屍走肉的軀殼而已，
與其苟活，不如早點死去。
所以，到死為止，我們至少要過得有「生存」的意義。

——法國思想家　盧梭

雖然明知——
「自己是神的兒子，一定有什麼大事讓我去做。」
可是你卻不去叩一下自己的靈魂之門。
到現在你還認為自己的所思所為，
以及人生都感到很滿足的話，
那麼你將是無可救藥了。
——美國宗教家　菲力普・布魯克斯

對所有的問題，我都可以對答如流嗎？
其實不然！
無論是誰，幾乎沒有人能夠完全解答人生之謎的。
我們的周圍是謎，我們的行動也是謎。
即使家裏的電化器具、牆縫裏開出的花朵，
或窗外綠油油的草坪，這些對我來說都是個謎。
——戴爾・卡內基

的確，在安詳靜謐的大自然裏，
還是有些使人煩惱、懷疑、感到壓迫的事。
請你看看蔚藍的天空和閃爍的星星吧！
你的心將會平靜下來。
——美國神學家 約翰·納森·愛德瓦茲

至今人類能力的界限，仍屬未知，
我們又不能從古往的先例中來判斷人類將能做些什麼事。
因為人類所嘗試過的事情實在太少了。
——美國思想家 梭羅

凡是人，都不免有錯，只有賢者與善人，
才能在自己所犯的錯誤與失敗中，學得將來處世的智慧。
——古希臘哲學家 普塔寇斯

當想到從太陽系裏的光線，
傳入我們的眼睛需要經過幾百萬年時，
你就會覺得你現在所站的地球是何其渺小了，
而相形之下，困擾著我的問題，
也變得多麼微不足道了。
我的餘生不多，
但是綿亙幾千里的高山、擴散到四面八方的大海、
一望無垠的宇宙星群、極其龐大的螺旋狀雲層，
今後有多少億年或多少個幾十億年，
它們仍將繼續存在。
當我們抬頭仰望星空時，便會驀然驚覺：
我們所擁有的是何其豐富啊，
今後應當好好珍惜自己的生命才是啊！
——戴爾・卡內基

附錄　擺脫負面情緒的正向思考——卡內基戰勝憂鬱之法

1 人生最重要的就是「現在」

一八七一年春，有個年輕人看到一本書，偶然被一段文字深深吸引住，那對他的將來有莫大的影響。

身為蒙特利綜合醫院實習醫生的他，為了畢業而面臨的問題，腦中盤旋著該選擇何種診療項目、畢業後到何處去較好、要如何開業、生活怎麼……等等煩惱。

該年輕人由於一八七一年偶而看見的那段文字，不但成為當時最有名的醫生，更創立了馳名世界的約翰霍普金斯醫學院，且榮獲牛津大學欽定醫學教授——英國的醫學人士被授與的最高榮譽——而名聲四揚。他榮獲英王所賜的爵士爵位，去世之後，有兩大本千餘頁的巨著專門介紹他的一生事蹟。

他就是威廉・奧斯勒。

他偶然看到的這段話，就是湯瑪斯・卡萊爾所說的：「不要去瞻望那些遙遠而模糊的事，去做你身邊的事就好了。」

四十二年後，在一個鬱金香盛開的暖和春夜，威廉・奧斯勒對耶魯大學學生演講：「身兼四所大學教授，著作亦博得好評的我，並非如一般人所想的是特別聰明的，以我最親密的朋友來說，我其實是『最平凡』的人。」

那麼，到底他成功的關鍵是什麼呢？

他自稱他總是在「此刻」活得生氣蓬勃。他的話是什麼意思呢？

在耶魯大學演講的數個月之前，奧斯勒搭乘豪華客輪橫渡大西洋。他看見船長邊喊「急轉」，邊按下電鈕，機械發出嘎啦嘎啦的聲響，轉瞬間船的每一區域都被關閉——為使水流不進來而劃分的。

這給他莫大的啟示，他對耶魯大學的學生說：

「諸位都是比這豪華客輪還要優秀的有機體，你們將有長程的遠行，起程之前，你應好好注意下列如何安全航海的方法。希望各位能調節自己，以便能夠在『今天這一天』這個密閉的房間裡生活下去。登上船，至少應檢查一下大防水壁是否隨時可以使用。在人生的每一階段裡，只要按下一個鈕，便能聽到隔壁『過去』——已經死亡的昨日。

「按另一個鈕，就能截斷『未來』——尚未誕生的明日——許多事情都是如此，只有今天是安全的！把過去推出去，關緊房門，讓已經死了的過去埋葬了吧……把那些愚蠢的、失敗的、已死亡的昨日趕出去，關牢房門……在昨日的重擔之上，再添加明日的重擔，即使是個強者也會舉步維艱、不勝負荷的。

「對各位來說，『未來』就是『今天』……『明天』並不存在……拯救人類的日子就在今天。一切精力的浪費、精神的不安、內心的痛苦，只糾纏著擔心未來的人……所以要把前面、後面的防水壁緊緊的關住，然後你必須養成一個習慣：在你『今天這一天之中』度過你的人生。」

奧斯勒博士是說我們沒有必要為明天準備嗎？

不，絕非如此。博士在那次演講中說，為明天準備的最佳手段，是傾注諸君之所有智能及熱情，在今天完成今日之事！這才算是為明天鋪路。

奧斯勒博士以一句基督徒常用的祈禱詞，來勉勵耶魯大學學生：「請賜給我們『今日』所必需的衣食。」

要留心的是，這個禱告只有祈求「今日」的食物，並未抱怨昨天的老麵包，更沒祈求說：「我的神啊，生產糧食的地區乾涸了——這麼一來，『明年』秋天要怎麼做麵包呢？神哪！我該如何才能獲得麵包呢？」

更明確的說，這個禱告是教我們只要求今天的麵包，今天的麵包才是我們唯一能吃到的麵包。

很久以前，一位哲人巡迴演說於窮鄉僻壤，有一天，他面對群眾，說出了貫通古今，歷經九世紀仍被引用的哲語：

「不要煩惱明天的事，明天自有明天的安排，只要把全副精力用在今天就行了。」

許多人或許覺得這位哲人所說：「不要憂慮明天的事！」是難以實行的理想，他們說：

「我們不能不打算明天的事。為了保護自己的家人而不得不辦保險，亦不能不為老年存錢，不得不努力於出人頭地，不得不有所準備。」

我們是應該為明天而細心計畫、準備，但卻不應該擔心。

戰爭時，將領們都為明日謀劃，但是沒有餘暇去擔心。指揮美國海軍的厄耐斯特．金恩曾說：「我所能做的就是盡可能提供最好的武器及裝備，然後用於我認為最高明的作戰任務之中，僅僅如此，就必須竭盡全力了。」

他又說：「如果船艦被擊沉，便不能挽回，我寧可把時間用在有希望的事上，而不願浪費於無益的追悔上。」

不管是戰時或和平時代，積極與消極的分野就在這裡。積極性的思考，能夠看透因果關係，而往前邁進；消極性的觀念，則會陷人於緊張及神經衰弱。

我最近很榮幸地與舉世聞名的《紐約時報》經營者海斯．舒伯格談天。他說當第二次世界大戰橫掃歐洲時，他深陷焦慮中，對於未來十分惶恐，以致患了失眠症，屢次在深夜中跳下床，準備畫布及畫具，對著鏡子作自畫像。對繪畫，他是門外漢，但為驅逐心中的不安，竟動起畫筆了。若非偶然間看到一段話，他絕無法消除心中的焦慮，而重獲心靈的平安。

「現在」這一瞬間是一個特別的位置——消逝的過去與無限未來的分界點上。你無法在分界點之外生存，無論是悠長的過去，或是無盡的未來，即使只是一瞬間，你也無法自此刻逃出。因此你要認真地過活，也就是說，從現在開始到就寢之間你要活得很滿足。

史蒂文生曾說：「任何人都有能力承擔一天的壓力，不論這一天有多忙、多累，都可以熬得過去的。在太陽西下之前，不論誰都可以快快樂樂地、堅強地、親切地、真誠地活下去。這就是人生。」

的確，這可以說就是真實的人生，在今天要好好地生活。

猜猜這首詩的作者是誰？

多麼幸福的人！
那些把今天握在手裡的人們。
他們心境安詳，振臂高呼：
「明日啊！不管你將給我什麼考驗和打擊，
我都會好好活過今天的。」

或許很具現代感，但它是耶穌誕生前三十多年的一位羅馬詩人柯瑞斯所寫的——人性最大的悲哀在於只會憧憬地平線那端神奇的玫瑰花園；卻從未回過頭來看一看自家窗外正盛開著的玫瑰花。

底特律的愛德華・艾維斯先生若非及時覺醒，恐怕早就被憂慮擊潰了。從一個送報童開始，到雜貨店店員、圖書館助理，他節省微薄的薪金再加上五十五元的貸款，作第一筆生意投資，最後建立起令他自傲的年收入二萬美元的事業。

但不幸發生了，他為朋友的支票背書，而這位朋友卻破產了。「屋漏偏逢連夜雨」，他不僅變得身無分文，甚至又背了一萬六千元的債，他徹徹底底倒了下去，他追憶道——

我失眠、食慾不振，整個人像死了一樣，除了煩惱還是煩惱。

有一天走在街上突然昏突倒在人行道上，癱在床上時，渾身冒汗。熱氣在體內擴散，痛苦不堪，日復一日衰弱下去，最後連醫生也宣告說只剩十幾天可活。

我為此頓感眼前一片昏黑，便寫好遺言，回到床上，在無能為力的情況下等待死亡，不再憂慮、不復掙扎。

而在這種壓力盡卸的情況下，心情竟輕鬆地睡著了，像個襁褓中的嬰孩般安然入睡。

結果，食慾恢復，不再憔悴消瘦，體重也逐漸回升。幾個禮拜後便能扶著枴杖走路，六週後回到工作崗位，於是便樂得做週薪三十美元的工作，那是賣外銷汽車車子的底盤。

這個教訓使我不再追悔過去、恐懼未來，而把所有的時間、精力、幹勁完全傾注在工作上……

這種充滿幹勁的態度，使他再度奮起，數年後他成為艾維斯・普洛達克斯公司的董事長。搭飛機訪問格陵蘭時，飛機降落在以他的名字命名的艾維斯・費魯特機場。

他之所以得到如此的成功，關鍵在於他知道善加利用今天。

甚至法國哲學家蒙田也犯過這種錯誤。他說：

「我的一生充滿災難，然而其大部分並未真正發生，而是莫名的焦慮幻想使我困惑與茫然。」

最近我在湯瑪斯的農場度週末，看到他把一首讚美詩貼在書房的牆上：

今天是特別的一天
今日就讓我們盡情歡樂吧！

瓊萊斯金桌上擺著一個未經修飾的小石頭，上面刻著「今日」二字。我的桌上沒有擺小石頭，卻擺了一面每天刮鬍子必用的鏡子，上邊刻著一篇印度戲劇作家卡爾達沙的——向黎明致敬。

為今天努力前進吧！
因為這是最真實的存在。
這短暫的行程，
包含了你存在的真理及現實的一切——
生長的喜悅、行動的成果、成功的榮耀。
昨日只是一場夢，
明日虛幻不實，
努力為今日生活，
將所有的昨日轉換成幸福的夢，

將所有的明日幻化成希望。

所以，張開雙眼，迎向今日，

向每一個黎明歡呼！

因此，你要像奧斯勒所說——

「關閉昨日及未來的鐵門，好好活在今日。」

希望諸位自問一下：

1.我對未來感到不安嗎？我憧憬水平線那端神奇的玫瑰花園嗎？我逃避現在的生活嗎？

2.對過去的事——已成定局的事——還追悔不已嗎？

3.早晨起床時你決心好好把握今天了嗎？

4.是否「把握今天」而使人生更充實？

5.預備何時開始實踐這個生活哲學？下禮拜？明天？……還是今天？

2 擺脫煩惱的神奇公式

威爾斯・卡瑞爾是開創空調產業的天才技師，現在是紐約卡瑞爾公司的老闆。下面這些話是我和技師同業會員們共進午餐時無意中聊到的。卡瑞爾先生說：

我年輕時，在紐約水牛鋼鐵廠做事，後來調到密蘇里州水晶城金屬工廠裝置瓦斯清潔設備。這種淨化裝置是用來去除瓦斯所產生的雜質以提高燃燒效率，並預防引擎的磨損。

在當時，這是一筆大生意，但這項淨化的新發明只被試驗過一次。不幸的是發生了意外的障礙，機器雖能動，但情況卻不如保證書所寫的那麼順利。

我覺得自己被打敗了，全然的失敗了！腦袋瓜就像狠狠地挨了一拳似的，腸胃都痛了起來，憂慮得夜夜失眠。最後我想通了，一味憂慮是無濟於事的，於是決定捨棄所有的不安，努力尋找具體的應對辦法。這一來，情形好轉了。

三十年來，我時時運用著這個「不安情緒消除法」，它是簡單可行的，由三個階段形成——

1.首先客觀地分析所面臨的困境，並預計最糟的情況。我頂多是被公司開除，再則就是老闆所投資出去的兩萬元將付諸流水。

2.既預測了最差的情況，就會做好面對它的心理準備。這一次失敗，是個經驗，可能因此丟了工作，但大不了再找呀，條件也許差了些，但總是個新開始……至於老闆呢？也有可能再研究發明新的淨化裝置，這二萬元的投資就當做是研究開發費也是值得的——預測了最差的狀況，反而能篤定。一旦遇到困境，便能冷靜沈著地應付。

3.將這個失敗當作是一個生命的轉機。冷靜地考慮使最糟的事轉好的對策，並努力集中精力應付。因此，我考慮怎樣才能把損失減至最少，多方實驗後，結論出如果能花五千元再添購另一項設備，就不會再發生故障。我立刻去試，結果賺回一萬五千元，使損失降為五千元。

如果當時我一直不斷煩憂，必然無法改善事情。深陷煩惱最大的壞處就是破壞一個人的意志集中力，使人心志動搖，決斷力消失。但如果我們強迫自己去面對最惡劣的事態，武裝心理，就能漸漸理出頭緒，好去解決問題。

而這個魔術公式為什麼會有如此的心理效果？而應用的範圍也如此廣呢？因為當我們煩惱時容易陷入盲目的狀態，而在其中摸索的我們可應用這個方法，幫我們從層層烏雲中解脫出來，而踏實地走在堅固的大地。然則，一旦你的腳跟不是踏在堅實的地面，你要如何調整你的腳步呢？

應用心理學之父威廉・詹姆斯已去世多年，但如果今日他還健在，聽到這種克服憂慮的實用法則之後，想必也會舉雙手贊同。

為什麼我能如此確定？因為他曾對學生說：「欣然接受已發生的不幸，正是踏出克服不幸的第一步。」

中國文學家林語堂也在其著作《生活的藝術》書中說道：「即使是最壞的事情也要照單全收，這便是獲致內心平和的秘訣。」

事實上也確是如此！因為我們一旦接受了最惡劣的事實，心情就能篤定，不再患得患失。

威爾斯・卡瑞爾不也說：「因此，我十分沈著冷靜地使事情有了轉機。」

這不是很容易理解嗎？然而難以數計的人們卻因憤怒、焦慮，以致混亂，而終於在自己的人生舞台上一蹶不振。

追根究柢，就是沒有接受不幸事實的決心，因此只有惶惑與束手無策。苦戰的結果，就是成為憂鬱症的俘虜。

因此，如果你遇到讓你感到憂慮的問題時，就試試卡瑞爾提供的神奇妙方，來幫你渡過難關——

1. 自問：「所可能發生的最糟情形是什麼？」
2. 做好接受最糟情況的心理準備。
3. 接下來，冷靜謀劃策略以改善現況。

3 我不再憂慮

人們往往不知如何克服憂慮，而在它不斷攻擊下提早結束自己的生命。——安烈庫斯·卡雷魯

諾貝爾醫學獎得主柯爾瑞曾說：「窮於應付煩惱的商人，注定要早死。」其實一般家庭主婦、獸醫、製瓦工人也都是一樣的。

幾年前，我與一位醫生朋友騎腳踏車到德克薩斯和新墨西哥州旅行時，談及憂慮對一個人所可能產生的影響，他說：

「在就醫的病人中有七成是由於心理上的障礙，只要他們去除不安和憂慮，很快就會痊癒的，但卻沒有一個人認為他們的病是由於心理作祟所引起的。他們生病，當然是無可否認的，而且其痛苦或許還甚於牙痛、頭痛，因

為它們往往會導致神經性消化不良、胃潰瘍、心臟病、失眠或偏頭痛等等。這些病是真的會發生的，因為十二年來我本身正為胃潰瘍所折騰。不安的情緒導致焦慮，焦慮使精神緊張，因而刺激胃，使胃液分泌不正常，長久下去就變成了胃潰瘍。」

約瑟夫．馬坦格醫生曾說：「不是我們吃下去的食物讓我們患了胃潰瘍，而是情緒的因素支配了我們的身體，使我們在緊張焦慮中患了胃潰瘍。」

阿維力醫師也說：「胃潰瘍大多由情緒緊張所造成。」

這句話，從瑪雅臨床醫學中心的一萬五千個病例中得到證明。因為其中有五分之四原非由於身體機能所致，而是不安、煩惱、怨怒、憎恨、自私及無法適應現實生活……而引發胃病或胃潰瘍的。因胃潰瘍而死亡的例子並不稀奇，據《生活》雜誌的統計，胃潰瘍是第十位致死的病因。

最近我和瑪雅醫學中心的哈羅德．海本醫師聯絡。他在美國國內醫師會議上提出一篇對一百七十位企業家的研究報告。患者平均年齡只有四十四點三歲，而大部分的人都受到心臟病、消化系統疾病及高血壓的威脅。想想看，三分之一的企業家在尚未四十五歲時，就為心臟病、胃潰瘍和高血壓所折磨。為了飛黃騰達的地位卻賠上了如此高的代價！

然而，這就是成功嗎？如果一個人得到了全世界，卻賠上了自己的健康，又有什麼好處呢？就算擁有全世界，還不是一天三餐、只睡一個房間一張床？他不可能異乎常人。因此，即使一個販夫走卒，不也和大富翁一樣嗎？一日三餐、一天睡一個房間一張床，甚且他吃得比你還有味、睡得比你還香甜呢！坦白說，與其要我經營鐵路公司或菸草公司而在四十五歲就賠上了健康，倒不如讓我在阿拉巴馬州附近當個農夫來得愉快。

說到菸草，全球聞名的菸草公司老闆在加拿大森林區散步時，因心臟麻痺而暴斃。他是百萬富豪卻只活了五十一歲。只怕他是拿自己的生命換得事業的成功吧！

依我的看法，這個擁資億萬的菸草大王，其人生還遠不及我身為密蘇里州的農夫而身無分文，卻享年八十九歲的父親哩！

梅育醫學中心的醫生曾說，美國國內醫院半數的病床是為精神方面患者所占據，然而，利用高性能顯微鏡加以檢查，這些人的神經系統構造卻與常人無異。導致神經症狀並非由於生理上的失調，而是無助、不安、苦惱、恐怖、失敗、絕望等情感因素引起的。

哲學家柏拉圖也說：「醫生在治療患者時所犯的最大錯誤，就是不從心理方面著手，而只從身體方面下工夫。心理和身體本是一體兩面的，不應分開來醫治。」

醫學界花了兩千三百年終於證實、承認了這項真理。現在醫學界正積極倡導所謂的「身心醫學」，兼顧病人的身體與心理。我們確該如此，在醫學昌明下，醫生們已能嚴密控制以前那些威脅人命的疾病，如天花、霍亂……等，而挽救了無數人的生命。但他們對於精神疾病及心理因素所造成的疾病往往束手無策。而因此死亡的人數正直線上升中，危害日甚一日。

為什麼會精神異常呢？至今尚未找出真正的答案，但大體上恐懼和不安是主要的罪魁禍首。無法適應過於嚴苛的現實，而為不安的情緒侵噬的人，往往斷絕和周遭人們的關係，而獨自躲到一己編織的隱密的夢幻世界，他們就用這種逃避的態度來解決焦慮不安。

我的桌上放了一本愛德華・波多斯凱醫生所著的《停止焦慮》，以下是其章名的節錄——

1. 憂慮對心臟的影響
2. 憂慮惡化了高血壓
3. 憂慮引發了風濕
4. 憂慮對胃的傷害
5. 憂慮和感冒的因果關係
6. 憂慮和甲狀腺

7.憂慮和糖尿病

另外還有一本有關人類焦慮的書《自找麻煩》，作者是醫界有名的梅育兄弟中的卡爾・梅林傑。書中揭示了驚人的事實——不安、不滿、憎恨、埋怨、反抗、恐怖等情緒，嚴重的破壞了我們的健康。

苦惱很不尋常的竟也能使頑強健康的人生病！

格蘭特將軍在南北戰爭結束時有了如此的體驗。當時部隊不斷有逃兵，所剩無幾的士兵則聚集在帳棚裡開祈禱會。他們又叫又哭又鬧、眼神呆滯，幾臨絕境。李將軍的部下放火燒棉花及菸草倉庫，並燒光兵器倉庫，而趁黑煙蔽空時逃出市街。格蘭特將軍率軍追擊。敵方騎兵隊斷了他的後路，破壞鐵路，掠奪補給的列車，陷他於困境。

強烈頭痛的格蘭特將軍遠遠落在部隊之後，於是倉皇落魄地求宿於農家，他在回憶錄中寫著：「那一整夜，我雙腳泡在芥末熱水中，並不斷用芥末敷頸後，心中不斷祈禱症狀能在次晨好轉。」

第二天早上，他一下子痊癒了。然而，治癒他的不是芥末，而是快馬加鞭帶來李將軍投降消息的使者。格蘭特將軍說：「騎兵來到我眼前時，我正頭痛欲裂，但是一聽這消息，整個身體便頓時硬朗了起來。」

顯然的，格蘭特將軍的病，是緣於緊張憂慮等的情緒因素，因此要從這方面來對症下藥。他之所以能馬上痊癒的道理也在這裡！

如果想知道煩惱對人類的傷害，不需要專程到圖書館去找資料或跑去請教醫師，你從本書就可以獲得解答。

在我目光所及的周遭，有人因憂慮而神經衰弱，也有人因而糖尿病，更有因股市的暴跌，而導致血糖或尿糖的升高……

有名的法國哲學家蒙田，當選故鄉波爾多市長時，告訴他的選民：「我樂於以雙手來為各位服務，但並不打算把憂慮緊張造成的傷害帶進我的肝肺之中。」

世界級的關節醫學權威羅斯爾·西勒指出導致關節炎的四個原因——

1.婚姻生活的觸礁。

2.經濟拮据。

3.孤獨和苦惱。

4.宿仇積怨。

當然，這四種情緒狀況並不是導致關節炎的唯一原因。關節炎有許多種，導因也是名目繁多，但這四種卻是其中「最普遍」的因素。

憂慮也是造成蛀牙的原因。威廉醫生在美國牙醫學會做了以下的報告：

「因煩惱、恐懼、牢騷等產生的不愉快情緒會使得鈣質的平衡遭到破壞，而形成蛀牙。」

他說，有個患者以前的牙齒非常健康但是他太太因急病入院三個禮拜，其間他的牙齒卻壞了九顆。這就是煩惱引起蛀牙的例子。

你一定看過甲狀腺機能異常亢奮的人吧，他們身體發抖、前後左右搖晃，好像快要死了似的。這全是因為調節身體狀況的甲狀腺失調而弄亂了生理步調的緣故，因此使得身體激烈顫抖，全身有如打開了所有的通風裝置的熔爐一樣烈焰熊熊，若無適當的控制和治療，會把一個人的生命毀掉。

前幾天，我和一個患了此症的朋友一起到費城去。我們拜訪了甲狀腺醫學權威布蘭姆醫生。會客室牆上一幅大匾額寫著他的一些生活警語。我利用等候的時間將它抄下：

——放鬆自己、娛樂自己——

平靜心情、養精蓄銳最有效的方法，

有健康的宗教信仰、睡眠、音樂和歡笑。

信仰神、足夠的睡眠、愛好美妙的音樂、面對人生詼諧快樂的一面。

如此，就可獲得健康與幸福。

醫生問我朋友：「為什麼把情緒弄成這種地步？」他警告，要是不從煩惱解放出來，說不定會併發心臟病、胃潰瘍、糖尿病，因為這些病是親戚、是兄弟。

拜訪女明星梅爾・白朗時，她說：「我堅決不焦慮，因為這會奪去一個電影明星最大的財產——美貌。所以我絕不讓自己陷入憂慮。當我決心在電影界闖出個名堂時，心中充滿恐懼和焦慮。我從遠方隻身來到倫敦，人生地不熟，卻想進入演藝界。我和好幾個導演見過面，卻沒有一個人肯用我，身上的錢也快用完了，兩個禮拜期間往往靠著椒鹽餅和開水維生。

我站在鏡子前仔細端詳自己，看到的是因焦慮而凹陷的臉頰、無神的雙目及憑添的皺紋，我再次警告自己說：『妳唯一值得驕傲的財產是自己的容貌，再這樣下去，妳就破產了！』」

中國古代戰場拷問俘虜時，總是將他們的手腳捆綁起來放在帆布水桶下，然後日夜不斷的水滴，滴答滴答的滴下來。如此，此起彼落的滴水聲最後變成鐵鎚的敲打聲，使人終於崩潰、發瘋。以前西班牙壓迫異教徒和希特勒時代的集中營也使用同樣的拷問法。

焦慮就像不間斷的水滴一樣，一點一滴的使人崩潰發狂而走上自殺之路。

當我仍是個密蘇里農村的小孩時，聽過牧師描述地獄的事，讓我深感恐懼，但他卻從未提及人世間所面臨的種種情緒上的痛苦。如果你終日受憂慮折磨，不久後你就會患上令人無法忍受的、苦不堪言的狹心症。

你想頌讚人生吧？想健康長壽嗎？艾克斯・卡羅醫生的話也許能幫你達到這個目標，他說：「在現代喧嚷的都市生活中而能保持心理平靜祥和的人，能免於精神性疾病。」

實際上你是如何呢？如果你是個健康者，你會肯定自己能保持心理的安寧。我們其實都比自己想像中來得堅強，我們都蘊藏從未使用過的內在精神資源。梭羅的不朽名著《湖濱散記》中說：「一個人可經由努力而提升自己的潛力，倘若我們有心朝著自己的夢想努力邁進的話，成功將會屬於你。」

當然，很多讀者可能都有和歐雅・賈文一樣堅強的意志，即使在非常悲慘的環境中，也能克服憂慮。我想強調的是，不管是誰都能夠！因此，我所提到的真理是自古已有的。

以下是歐雅・賈文告訴我的故事：

八年半前，我被宣判死刑——罹患癌症，就連我國醫學最高權威梅育兄弟也判定如此。我惶然無助，死亡正在一步一步逼近。我還年輕，應是前景無限，因此不甘心這般早逝，絕望中瘋狂地打電話給我的主治醫師，告訴他我無力承受絕望的無助。

醫師帶著嚴厲的語氣責備我：「什麼事呀！歐雅，你已經沒有奮鬥的勇氣了嗎？你這樣一味哭，是只有戰敗了。誠然，這是個很糟的狀況，但正因為如此，你更要好好面對現實。別再讓憂慮折騰你，努力去克服才是。」

聽了後，我馬上發起非常鄭重的誓言，我狠狠的咬住牙，連指甲都快陷入肉裡：「我絕不再憂慮，沒什麼值得哭的，我要戰鬥，我要活下去！」

病情已經惡化到無法用鐳射線來治療的地步。通常使用X光照射量，一天為十分鐘三十秒，以三十天為一期。至於我的情形則是一天十四分三十秒，得持續照射四十九天之久。如此下來，我已被折磨得皮包骨，兩腳鉛一般的重，但是我絕不呻吟、哭泣。而堅持以笑迎人，因此我總勉強自己微笑。

我當然不至於天真到認為以笑臉可以治好癌症，但我相信鼓舞自己的朝氣和活力，有助於和病魔對抗。確實我也親身體驗了一段奇蹟。數年來，我一直很健康，感謝醫生給我的那番話：「面對現實，停止憂慮，努力去克服。」

在本章結束之前，我想再重述一次前頭提到的話：「人們往往對憂慮束手無策，在它層層的攻擊下而提早結束了自己的生命。」

伊斯蘭狂熱的信徒，據說都將可蘭經刺青在自己的胸前。你是否也想把這句「對憂慮束手無策的商人，注定要早死」的話，紋在自己的胸前呢？

摘要 了解憂慮的本質

◎想要免於煩惱，就照著威廉‧奧斯勒所說的去實行：

「今日事今日愁，明日事不憂。」只活在今天，不去憂愁明日的事。

◎山窮水盡、陷入苦境的時候，試試威爾斯‧卡瑞爾的神奇公式：

1. 自問「面對的這個問題所可能引發的最糟的情況是什麼？」
2. 做好面對最惡劣情況的心理準備。
3. 之後，冷靜思考應付的對策，以扭轉劣勢。

◎要牢記憂慮將使你付出的代價——健康。

「人們往往對憂慮束手無策，在它層層的攻擊下而提早結束了生命。」

【經典新版】卡內基一生受用的金言

作者：陶樂絲・卡內基
發行人：陳曉林
出版所：風雲時代出版股份有限公司
地址：10576台北市民生東路五段178號7樓之3
電話：(02) 2756-0949
傳真：(02) 2765-3799
執行主編：劉宇青
美術設計：吳宗潔
行銷企劃：林安莉
業務總監：張瑋鳳

初版日期：2020年9月
版權授權：翁天培
ISBN：978-986-352-849-4

風雲書網：http://www.eastbooks.com.tw
官方部落格：http://eastbooks.pixnet.net/blog
Facebook：http://www.facebook.com/h7560949
E-mail：h7560949@ms15.hinet.net
劃撥帳號：12043291
戶名：風雲時代出版股份有限公司

風雲發行所：33373桃園市龜山區公西村2鄰復興街304巷96號
電話：(03) 318-1378
傳真：(03) 318-1378
法律顧問：永然法律事務所 李永然律師
北辰著作權事務所 蕭雄淋律師

行政院新聞局局版台業字第3595號 營利事業統一編號22759935

定價：270元

國家圖書館出版品預行編目資料

【經典新版】卡內基一生受用的金言 / 陶樂絲.卡內基著. -- 初版. -- 臺北市：風雲時代, 2020.06；
面；　公分

ISBN 978-986-352-849-4 (平裝)

1.格言

192.8　　109005999